Os nomes indistintos

Jean-Claude Milner

Os nomes indistintos

Tradução
Procópio Abreu

Editor
José Nazar

Companhia de Freud
editora

TÍTULO ORIGINAL
Les noms indistincts

Direitos de edição em língua portuguesa adquiridos pela
EDITORA CAMPO MATÊMICO

CAPA
Orquestra, *óleo s/ tela de Carl Brusell*

EDITORAÇÃO ELETRÔNICA
Victoria Rabello

TRADUÇÃO
Procópio Abreu

REVISÃO
Sandra Regina Felgueiras

EDITOR RESPONSÁVEL
José Nazar

Rio de Janeiro, 2006

FICHA CATALOGRÁFICA

M598n

Milner, Jean-Claude.
[Les noms indistincts. Português]
Os nomes indistintos / Jean-Claude Milner; tradução: Procópio Abreu; editor: José Nazar. – Rio de Janeiro: Companhia de Freud, 2006.

124 p.; 23cm.

Tradução de: Les noms indistincts.

ISBN 85-7724-009-6

1. Linguagem e línguas – Filosofia. I. Abreu, Procópio. II. Nazar, José. III. Título.

CDD-401

Companhia de Freud
editora

ENDEREÇO PARA CORRESPONDÊNCIA
Rua Barão de Sertório, 57
Tel.: (21) 2293-7166
Rio Comprido – Rio de Janeiro
Cep 20.261-050
e-mail: ciadefreud@ism.com.br

Índice

1. R, S, I

Existem três suposições. A primeira, ou melhor, uma delas, pois já é demais pôr ordem nisso, por mais arbitrária que seja, é que *há*: proposição tética que só tem por conteúdo sua própria posição* – um gesto de corte, sem o qual não há nada que exista. Chamaremos isso de real ou R. Outra suposição, dita simbólica ou S, é que *há alíngua*, suposição sem a qual nada, e singularmente nenhuma suposição, poderia ser dita. Uma outra suposição, enfim, é que *há semelhante*, na qual se institui tudo o que constitui laço: é o imaginário ou I.

De algumas dessas suposições deduzem-se, por análise, séries de proposições que se encadeiam. Assim, do fato de haver semelhante concluiremos que há *dessemelhante* e, daí, que há relação, já que basta dois termos serem considerados semelhantes ou dessemelhantes para que uma relação entre eles seja definível. Concluiremos, em seguida, que existem propriedades, já que basta que entre dois termos exista uma relação para que uma propriedade comum possa, por abstração, ser construída. Concluiremos igualmente que existem classes e que elas são fundadas nas propriedades, que as propriedades são apenas uma maneira de construir semelhante, que existem todos e que eles têm um limite, cada todo suspendendo-se no ponto onde surge um dessemelhante. Concluiremos, enfim, que há representá-

---

* Posição, aqui, parece-nos ter um uso muito específico: pensamos, por exemplo, no ato de "pôr o inconsciente". (NR)

vel, já que a representação nada supõe a não ser a similitude e a relação. Pela simples reiteração e combinação dos procedimentos acessíveis, os todos cuja existência supomos poderão assim estar ligados uns aos outros num tecido de semelhante e de dessemelhante, que podemos da mesma forma constituir como todo do representável: o que nomeamos realidade.

De resto, essas diversas proposições se pressupõem reciprocamente, tanto que poderíamos partir de cada uma delas e reconstruir todas as outras. Longe de se ordenarem, fecham-se, pois, sobre si mesmas e se completam num movimento circular incessante.

Da mesma maneira, do fato de haver alíngua facilmente concluiremos, e por pressuposição recíproca, que há nomes, que há discernível, que há Um. Aqui, ainda, seria possível partir de cada proposição para encontrar as outras: novo fechamento em anel.

Com certeza, da suposição pura de que há nenhuma dedução é possível. Só uma repetição indefinida autoriza-se aqui, mas, uma vez mais, ela se fecha sem saída: um anel de novo se forma, não o de uma dedução recíproca, mas o de uma incessante impossibilidade de ser deduzida.

Em particular, entendemos pelas três suposições: que nada poderia ser imaginado, isto é, ser representado, a não ser por I, nada pode existir a não ser por R, nada pode se escrever a não ser por S. Nada, isto é, nem tampouco a suposição homônima: assim, o imaginário só se imagina pelo imaginário, o real só existe pelo real, o simbólico só se escreve pelo simbólico. Reconhecemos nesta última conseqüência o axioma de que não há metalinguagem. Ele aparece aqui como o caso particular da lei geral das suposições.

Reciprocamente, nenhuma das suposições é acessível a partir de nenhuma das outras. Assim, nada das similitudes de I é acessível para representar o discernível da suposição S: é obrigatório aqui um discernível puro que não deva nada ao semelhante nem ao dessemelhante e seja indiferente a toda propriedade distintiva. Pois as propriedades vêm, aliás, refratar imaginariamente o que o simbólico secamente distingue.

Da mesma forma, nada de R pode se obter nem de I, nem de S; hiância intransponível que, nem bem nem mal, se escreverá em S, isto é, em alíngua, por uma negação – não se escrever, não se dizer, não admitir o discernimento – e, igualmente, em forma de teoremas: não há todos, não há relações, não há semelhante, nem propriedades, nem classes[1]. Paralelamente, em I, para um ser tomado no tecido do representável e do possível, o real aparecerá como o irrepresentável e o impossível como tais. Assim, ali onde I instaura o espaço e o tempo como modos especificáveis da relação, cujo cruzamento determina a forma de todo acontecimento possível, R decidirá como o fora-de-espaço do qual certas topologias constituem metáfora, como o fora-de-tempo de que o instante marca data, como o fora-de-acontecimento que o puro encontro realiza.

Diante de S que distingue e de I que liga, R é, portanto, o indistinto e o disperso como tais: o que, em sua linguagem bivalente, Freud opunha como Tanatos ao Eros da ligação.

As suposições são incessantes e os anéis que as sustentam na representação são indestrutíveis. Em outras palavras, algo não cessa jamais de existir; algo não cessa jamais de se escrever – se, pelo menos, como supomos, isso fala; enfim, algo não cessa de se representar.

Se, pelo menos, o ser falante viver. Pois é como vivo que um ser está tomado na similitude, condição da representação. Já que a vida, mal se individua, é continuidade, assimilação e reprodução. Ao que se acrescenta uma determinação mais estrita ainda, quando as vias da reprodução são balizadas pela sexuação, que requer, para que isso continue, que existam dois de onde nasça um terceiro; que requer, além disso, que esses dois sejam, ao mesmo tempo, díspares ao máximo (conector de disjunção que é a sexuação) e congêneres (conector de conjunção que é a espécie); que, enfim, requer que o terceiro seja congênere dos dois outros, e, quanto à sexuação, da mesma borda que apenas um dentre eles. Aí se enraíza, num tufo de real, a incessante possibilidade do que se deve chamar, ainda que *après coup*, o semelhante e o dessemelhante: absoluto dessemelhante dos parceiros e absoluto semelhante a seu gênero próximo. Daí procedem, num tempo que o estádio do espelho dramatiza, as propriedades e as classes.

É, pois, do lugar da vida como tal que se articula esse mandamento que Gide isolava como um "é preciso representar" e que poderíamos soletrar diversamente, já que nele se enraízam as regras de todo laço – leis,

---

1 Em estilo restritivo, isto se diz: não há todos, relações, similitudes, representações, propriedades, classes senão imaginários.

entrevistas, uniões, reconhecimentos; na passagem da necessidade pela qual só há laço imaginário ao mandamento "é preciso consentir no que faz laço", facilmente se reconhece a emergência do Supereu, que preside, enquanto Comendador, a tudo o que, entre os seres falantes, garante uma relação[2].

O fato de os três anéis serem indestrutíveis da mesma maneira pode ser imajado dizendo que eles estão enodados. Ao que se acrescenta que estão enodados borromeanamente. Sabemos o que isso significa: que é impossível – é o real do nó – desfazer um dos círculos, sem que, pelo mesmo golpe, os outros dois – eles são distinguíveis: é o simbólico do nó – fiquem soltos. Assim, imaja-se para a representação – é o imaginário do nó – o seguinte: que nada existe como real que não deva como tal se escrever – a ponto de aí valer o impossível de ser escrito – e se representar – a ponto de aí valer o irrepresentável.

Nada se subtrai a essa necessidade borromeana que o nó representa, muito menos o próprio nó, que, como vemos, é igualmente real (já que existe um impossível marcando o desenodamento), simbólico (já que os anéis se distinguem por letras, R, S e I), imaginário (já que anéis de barbante podem fazer dele uma realidade manejável). Mais até, cada anel, R, S ou I, é, como tal, real (já que é irredutível), simbólico (já que faz *um*), imaginário (já que faz anel). De modo que o nó tem em cada um de seus elementos as propriedades que, como conjunto, ele enuncia; mas, reciprocamente, cada um de seus elementos nomeia uma propriedade que afeta o conjunto, considerado coletivamente, e cada um dos outros elementos, considerados distributivamente.

Nesse indestrinçável entrecruzamento do conjunto e dos elementos, mais uma vez reconhecemos a impossibilidade da metalinguagem e, portanto, de qualquer estratificação. É fácil formular, então, que toda cadeia constituída de tal modo que cada um de seus termos nomeie uma proprie-

---

2 Das definições e teoremas seguintes:
(I) o discurso é laço,
(II) só o imaginário liga,
(III) o imaginário é o lugar da representação,
(IV) o semblante implica necessariamente a representação, tiramos facilmente a proposição:
(V) não há discurso que não seja semblante.

dade necessária (e uma só) dos próprios termos é, dessa maneira, borromeana: tal cadeia fora, em seu tempo, reconhecida por nós em *O sofista*. O borromeanismo, portanto, nada mais é que a generalização de um axioma fundamental cuja evidência se requer.

Nada mais razoável, neste ponto, que desenvolver uma escolástica: basta fazer com que os interessados distingam em qualquer objeto que se proponha à sua atenção os três registros, R, S e I. Da mesma forma que o próprio nó borromeano é sucessivamente passível de cada uma das três suposições e nelas suscita um estilo sempre diferente, da mesma forma poderíamos, por qualquer razão, experimentar mergulhá-la sucessivamente nos três elementos e declinar, assim, a tripla pertinência. Assim, estaríamos seguros – pelo menos tanto quanto pelo par matéria e forma – de produzir em todo encontro uma proposição esclarecedora.

Nada mais razoável, mas nada mais vão, se nisso se tem que perder o real do borromeanismo. Sabemos que ele brota num instante: basta que se evoque a eventualidade de que um dos anéis possa ser desfeito. Nesse instante, que tem a estrutura de um corte, tal anel revela ser aquele pelo qual os outros se mantinham. Poderíamos pensar estar encontrando a doutrina do elo fraco; pura aparência, pois essa propriedade do anel decisivo não preexiste ao próprio corte[3]. De modo que, se quiséssemos – o que é possível – apresentar o nó como a montagem de dois anéis por um terceiro que tem por singularidade enodá-los borromeanamente, logo seria preciso acrescentar que é só o corte que elege esse anel singular. Sua distinção é sempre retroativa, ainda que o real do borromeanismo se institua apenas por um

---

[3] Reciprocamente, as doutrinas racionais da conduta, e singularmente da política, supõem que as situações têm propriedades por si mesmas; e que o fim é desembaraçar o ponto que, por si mesmo, é decisivo. É para isso que tendem, em particular, a doutrina do elo fraco, bem como a da contradição principal – mas igualmente Machiavel e Saint-Simon. É, de resto, a condição para que uma história racional seja possível, enquanto teoria descritiva (ou até formal) das propriedades (efetivas ou simplesmente possíveis) de uma situação. De modo que as políticas racionais e a história racional estão relacionadas e se pressupõem mutuamente.
Para elas, o impossível é que um gesto possa criar as condições que, retroativamente, o fazem justo e oportuno. Está confirmado que, no entanto, é o que acontece e que o fim não é ver, mas suficientemente cegar-se para cortar da boa maneira, isto é, aquela que dispersa.

imperfeito: o "isso se agüentava", no qual reconhecemos tanto o *ti ên* de Aristóteles quanto o *Es war* freudiano. Em outras palavras ainda, a propriedade que faz o nó decisivo não preexiste ao gesto que suscita o real do nó.

O borromeanismo só existe por esse instante do desenodamento no qual, por um único corte, os anéis são dispersos. Quem não vê que essa dispersão nada mais é que o real em si mesmo, tal como o imaginário se esforça em representá-lo? Pois é preciso garantir a um só tempo que nada de S nem de I dá acesso a R e que – é essa a essência do nó – o ser falante é incessantemente solicitado a imaginar R. É nesse ponto preciso que se atesta a hiância onde um sujeito passível dos espelhos se descobre, como outrora Saussure diante da causa real de seu próprio desejo, abandonado por todas as analogias do céu e da terra. Então, nada subsiste a não ser os traços da dispersão pura, dos quais a liberação dos anéis dá a imagem mais asséptica.

Existem outras imagens, diferentemente mais cativantes, para um vivente: a dispersão da própria morte, por exemplo, dessa morte que da mesma forma é a vida, ambas invertendo erraticamente as ligações imajáveis[4]. Para todo ser capturado pela representação, a irrupção de um tal instante só pode suscitar um afeto: o horror, nome que damos, na falta de melhor, ao que, em um ser marcado por S e I, responde pelo que não tem nem nome, nem forma. Não é que, no instante seguinte, algum sentimento, mais cons-

---

[4] Lembramos Bossuet, parafraseando Tertuliano, e, como ele, só encontrando, para representar o real da dispersão, o esvaecimento das figuras e a impossibilidade de uma nomeação: "A morte não nos deixa corpo o bastante para ocupar algum lugar e só vemos ali os túmulos que têm alguma importância. Nossa carne logo muda de natureza: nosso corpo toma um outro nome; até o de cadáver, diz Tertuliano, porque ele ainda nos mostra alguma forma humana, que não fica nele muito tempo; torna-se um sei-lá-o-quê, que não tem mais nome em língua alguma...".
É preciso aqui distinguir a morte como dispersão, que encarna o real, da morte pessoal, que encarna o simbólico: como notava Aristóteles (Météor. IV, 12, 389 b. 31-390 a 3, ap. Aubenque, *Le Problème de l'être chez Aristote*, p. 471), entre o homem vivo e o homem morto, a única relação é de homonímia. Assim surge a dimensão do nome puro, único suporte de uma identidade que nada deve à semelhança das propriedades: ou seja, S, desenodado de I e de R.
Paralelamente, a vida, onde se encarna I, é a vida pessoal que agarra o ser falante pelas vias da espécie. A vida, na medida em que não a conjugamos com figuras individualizadas, não se distingue da morte: uma e outra encarnam para a representação o real.
Tudo isto para que não me oponham a segunda lição de R.S.I., *Ornicar*, 2, pp. 102-103.

tante e mais ligado, venha esconder seu surgimento: terror, piedade, fascinação, ou, por que não, delícia. Mas dessa mudança sentimental ele é apenas uma ocasião: o encontro pavoroso de um ponto onde se esvaecem semelhanças e dessemelhanças, onde o próprio Um abandona os seus poderes. Ali, e em nenhum outro lugar, reside esse horror do nó que se experimenta constantemente: o real do nó nada mais é senão o advento, pelo desenodamento borromeano, do real como tal (concebemos que tais sujeitos dele se desviem como horror absoluto, recuando incessantemente em efetivar o mínimo corte desenodador: raiz de todas as procrastinações, assim como da infinitude da análise).

Assim, o instante do desenodamento borromeano deve ser relacionado com uma série de figuras que podemos declinar: brotamento do sentido, no qual se desfaz o tecido ligado das significações; hiância do despertar entre duas séries de representações igualmente imaginárias, o sonho e a vigília; choque do encontro, ao qual se reduz a sessão analítica; escansão da interpretação, sobre a qual é preciso sustentar que nada tem a ver com uma tradução simbólica, mas tudo com a batida de uma nomeação real de um desejo.

Ou melhor, se levarmos a sério o borromeanismo, é o desenodamento que dá a estrutura desses instantes diversos. É o advento de uma dispersão que acontece através de cada um deles.

Ora, a análise – afinal, é o que seu nome significa – é precisamente esse desenodamento pelo qual o real borromeano se constitui. Cortar o anel pelo qual isso se agüenta, ou, antes, pelo corte, determiná-lo como o anel pelo qual isso se agüenta, interpretar é isso.

Num instante fora do tempo, num espaço fora do espaço, acontece como que uma escansão nua, cuja atestação reside apenas nos efeitos de dispersão que ela acarreta. Contanto que um sujeito consiga suspender a demanda das significações ligadas, um único sinal é certo, e é o horror. Nesse instante em que o sentido bate, não cessam então de se conjugar os episódios da morte e da desrazão. Ninguém deveria ficar surpreso com isso, já que é assim que a dispersão toma forma. Por isso é preciso, então, apressar-se em concluir, pois, assim como o sol do sentido e a morte pulverulenta, a dispersão não pode ser olhada fixamente: só a psicose consegue isso, ao preço que entrevemos e que ultrapassa o que pode ser escrito ou imaginado.

É verdade que todo discurso conhece e encontra essa circunstância desconcertante em que o que estava ligado, num instante, se desenoda. O lugar é marcado e nomeável: é a verdade, corte real que subverte as superfícies onde opera[5]. Mas a singularidade do discurso analítico subsiste: ali, e ali apenas, a verdade é fala, isto é, significante. A irrupção de R fica, pois, imediatamente enodada a S; o horror instantâneo nasce de uma nomeação real que, ao mesmo tempo, o suspende. Nesse momento, que é um momento de concluir, a abertura do anel decisivo se efetiva. No instante seguinte, o anel se fechou e o nó ainda se agüenta, como se nada estivesse acontecendo: a análise, como discurso, isto é, como laço, passou e refez o nó daquilo que, numa escansão, ela mesma havia liberado. Nada aconteceu senão que, nesse nada que separa um antes de um depois, ao sujeito aconteceu um real.

5 Como a linguagem da topologia – adotada, por exemplo, em o *Aturdito* – e a linguagem dos nós deixam-se traduzir uma na outra.

2.
Os Mesmos e os Outros

O real do nó é a impossibilidade de desfazer um de seus anéis sem dispersá-lo como nó. É também a impossibilidade de percorrer algum dos anéis sem encontrar no caminho alguma parte dos outros. Não há nada que se manifeste com mais evidência assim que o sujeito quer nomear e o discurso em que ele se inscreve pede a univocidade: sem cessar, o nó a recusa e os nomes, convocados para marcar tal anel, não cessam de bifurcar para tal outro. De modo que o nó se converte em labirinto, no qual a linguagem e a língua, contanto que as solicitemos para nomear distintamente, estão engajadas.

É que o empreendimento do nomear só se autoriza pela alíngua e esta está apanhada no nó. Assim, seja qual for o nome que tenhamos, por semblante, atribuído a cada suposição – "há", "há Um", "há Mesmo" –, ele se revelará submetido à declinação e, para quem pede a univocidade, decepcionante. Com efeito, vemos bem que a pura asserção "há", que deve dizer o real, não deixa de se prender imediatamente aos fios de S e de I. Basta que, por seu proferimento nu, se construa o significante que a faz uma e a discerne: conseqüentemente se constitui o que é coisa bem diferente da pulverulência e da fratura indefinida de R. A saber: o *ser*, que, por simplesmente estar posto, basta para dar início a uma cadeia onde o Real para sempre vai estar submetido à lei de S. Reconhecemos aí esse movimento invencível que anima *o Sofista* e *a Lógica*: quando muito consentiremos que subsista algum resto, sob o nome de Nada: cicatriz do Real, doravante alinhado na seqüência desenvolvível das determinações.

Conviria, portanto, afinar ainda mais o significante fadado a nomear R. Com certeza, todo verbo e todo nome conservariam corpo próprio demais para convir aqui. Na verdade, todo julgamento, ainda que seja tão vazio quanto pode ser a asserção pura de uma existência, está desde já mergulhado no espaço de S – uma vez que ele confere a um sujeito o um de um predicado nomeável – e no espaço de I, uma vez que, recebendo uma propriedade anteriormente posta, ele institui por síntese a comunidade dos que a possuem e a opõe por antítese aos que não a possuem. Reconhecemos que só permaneceria para R um julgamento que justamente não fizesse nem síntese nem antítese e que não supusesse o um anterior de um predicado: sob o nome de *tético*, Fichte teorizou tal julgamento, que parece atribuir uma propriedade, embora esta não possa preexistir a ele, já que só se põe por ele. Mas é preciso articular o julgamento, o que reclama um *ponto de partida*: problema conhecido das filosofias, no qual surge a exigência de um mínimo indivisível de nomeação, tributo obrigatório a S. Sabemos que Fichte autorizava-se pelo *Ich*, uma vez que, sujeito transcendental, ele preexiste a todas as propriedades e as funda. Mas Freud é mais profundo ao relacionar o próprio *Ich* a um anterior. Em relação ao que incessantemente era, o *Ich* só pode ser um tempo segundo, o de um a vir: mas como nomear o tempo primeiro, escansão pura que só pode ser apreendida como tal por retroação vinda de uma escansão subseqüente? Entendemos que, formado na escola do idealismo alemão, um sujeito possa, por um instante, fingir crer que, ali ainda, a forma do julgamento tético seja de alguma assistência: não mais o *Ich bin*... suspenso de Fichte, mas o *Es war* indeterminado que lhe é análogo, anterior e radicalmente heterótopo. Assim se articula, como vindo de uma boca de sombra, o que seria o nome próprio do real, se ele pudesse ter um – irredutível à mínima descrição definida e anterior a qualquer julgamento de existência, já que ele é seu suporte: entendamos o *Es* ou o *Isso* [*Ça*], tomado como o que é recoberto, tão logo ela nele se apóie, por qualquer proposição que nasça em *é* [*c'est*] ..

Porém, mesmo então, a operação imaginária permanece possível pelo restabelecimento de uma simetria e de uma similitude vazias. Entre todas, a língua francesa mostra isso, já que conhece o *é assim**, em que, sem que

* Em francês, *c'est comme ça* – *ça* sendo a tradução francesa do *Es freudiano*. (NT)

nenhuma propriedade seja colocada, os dois *ça* se colocaram dos dois lados do significante nu da semelhança. Pouco importa que dos dois simétricos nenhum tenha traço algum figurável, já que, sozinha, a simetria basta para construir o espaço de qualquer espelho: assim, fica garantida a especularização mínima a que precisamente o Real se opunha, intransponível. Em geral, diríamos que a língua acabou por literalmente articular a matriz da *realidade*: integral desordenada, mas solidária, do que se representa e constitui imagem refletida. Ora, é bem este *Doppelgänger* do real, duplo continuamente recozido nos passos do que, por estrutura, sempre perdeu sua sombra, é bem essa realidade que pode ser designada, e talvez sempre possa ser designada em algum ponto, pela proferimento do *há*, derivando, portanto, de R para I.

Alguém que então crê nomear o real de fato nomeou outra coisa. Construiu, por deslocamento equívoco, uma instância em relação à qual todo dito se reduz a: o que é só pode ser como é. Nesse ponto, o silêncio se instaura, e o não-pensamento, tendo todo dito desde já encontrado a palavra-mestra que, de antemão, o tornou inútil. Palavra-mestra, mas também palavra de todos os mestres: pois, se é preciso um mestre, ou para si mesmo sê-lo, ou para obedecê-lo – de resto, é a mesma coisa –, como garanti-lo melhor e autorizá-lo com mais certeza senão por essa instância diante da qual tudo deve ceder: a posição pura de uma existência da qual nada pode ser modificado, já que do *há* de antemão concluímos o *é assim* [*c'est comme ça*]?

Então se começa a soletrar o alfabeto infinito das dominações e das servidões. Não tanto porque os mestres estejam sempre presentes, nem porque suas decisões sejam realistas: é que a realidade, que determina o *ser*, o *ali* e a *decisão*, é, por si, dominação e demanda de servidão. Ela só emerge, só subsiste na forma daquilo a que é preciso se submeter, sobretudo se quisermos, em seu nome, receber obediência. E submeter-se continuamente, já que estamos no mundo da continuidade. E submeter-se a tudo, já que estamos no mundo do Todo. Submeter-se aos fatos, inclinar-se diante da necessidade, respeitar o que, por ser uma vez, necessariamente sempre foi: é esse o segredo dos realismos, tanto políticos quanto estéticos. Alguns pagaram e ainda pagam por ter aprendido o que esse discurso esconde de opressão curva e de humildade arrogante. Assim entendido, o *há* nada mais é que o significante do Laço supremo, pelo qual Tudo se agüenta: ou seja, a colmatagem de toda fratura vinda do Real, que esse significante supostamente nomeava.

O Mesmo e o Outro, que pareciam nomear de modo tão claro a suposição do Imaginário, tampouco deixam de se conectar a R e S. O Mesmo que constitui imagem, na medida exata em que decorre de I, é fundado em propriedades. Pois em I as propriedades são primeiras, classificando juntos os seres que diremos mesmos e separando aqueles que diremos outros. Daí as duas teses: (I) tudo o que é o Mesmo é igual quanto a suas propriedades; (II) tudo o que é igual quanto às suas propriedades é o Mesmo. Daí seguirá, por recíproca, o Outro como integral do não-igual e caso limite do Mesmo.

No entanto, há um Outro que nada deve às propriedades, ou porque é anterior a elas, ou porque está radicalmente disjunto delas; um Outro que também não deriva do Mesmo.

É aquele de que falamos quando dizemos o *outro* significante. Pois ninguém vai supor que o significante tenha alguma propriedade que seja anterior ao discernimento que ele efetiva. Muito pelo contrário, já que se trata aqui do que nomeia e, simplesmente pelo nome, distingue, é preciso dizer que uma propriedade qualquer sempre será posta discernida e nomeada: assim, longe de fundar o discernimento, é este último que a funda. Se, portanto, há sentido em dizer *um significante* e *um outro*, é bem porque o outro aqui, de certa maneira, se apreende independentemente de qualquer propriedade.

Por isso é que a metáfora do corte, sem corpo próprio e que, no entanto, separa, é, na oportunidade, tão pregnante. Daí nasce por simples dualidade a metáfora do fluxo, que nada mais é que a imagem invertida do corte. De modo que não dizemos nada a mais dizendo um ou dizendo o outro, se não acrescentarmos que, metáfora ou não, um significante só vale para, que isso para o que ele vale é um significante e que um significante para o qual um significante vale só é tal se for outro. Assim se desenrola a cadeia, implicando que o significante, como tal, é sempre outro, sem que, no entanto, haja nem semelhança, nem dessemelhança.

Supor S é supor que tal modo de ser existe e pode, ao menos por semblante, ser separado do ser representável no espelho. Se a isso acrescentarmos a linguagem da causa, teremos construído a figura da causa material desse discernimento: ou seja, alíngua, que poderemos assinalar como o lineamento de Real de todos os discerníveis. Teremos, ao mesmo tempo, reencontrado Saussure.

Pois, o que quer que tenha, desde então, acontecido na lingüística, nada pode ter mais valor que a simples possibilidade de que tenha sido proferido um discurso em que, rompendo com uma tradição milenar, o Outro apareceu como primeiro, anterior às propriedades e fundando-as todas. E nada pode fazer que um tal discurso não tenha sido proferido no tocante à língua. Relações, oposições, distintividade: o ponto é que só valem como propriedades as que asseguram um discernimento, de modo que o discernimento é primeiro, sob as espécies do distintivo, e que dele deriva o Mesmo, sob as espécies do não distintivo[1]. Por isso é justo que seja um significante saussureano, o significante *significante*, que designe tal modo de ser. O qual, em contrapartida, nada é senão o modo de ser próprio de S. E, se entendemos nomear o que faz um significante se pôr como tal, será preciso transferir para um ponto o conjunto dos espaços brancos que articulam as cadeias; só poderemos dizer, então, *o Outro*, erigindo, ali como em outros lugares em nossa língua, a maiúscula como significante inaudível de uma função disjunta de seus valores ocasionais. Assim se nomeará, para a decifração e a leitura, a integral de todos esses outros que delimitam e espaçam, fora de qualquer propriedade de desemparelhar, as cadeias de S.

É dessa maneira que acreditamos conseguir manter separados os termos: graças à maiúscula e à minúscula, graças à precisão léxica, desembaraçar os fios de S e de I, opondo grande Outro e pequeno outro – e, por que não, o Mesmo e o igual. Mas o equívoco subsiste, pois o Real também conhece um Mesmo e um Outro: o Mesmo do que volta ao mesmo lugar e o Outro da heterogeneidade absoluta. Dessa vez ainda, nenhuma proprie-

---

[1] Lembramos a *variação livre* dos fonologistas: dois segmentos, de propriedades sensíveis diferentes, são vistos, no entanto, como o mesmo significante porque a diferença entre eles não é distintiva. Não é o lugar aqui para manter ou refutar o fundamento de uma tal noção: basta que ela ilustre uma disjunção do Mesmo e do igual, que é propriamente impossível em relação a I.

dade precede, mas, além disso, nenhuma propriedade segue: não só o Mesmo e o Outro não se parafraseiam em propriedades comuns ou disjuntas, mas, mais ainda, do Real nada se escreve. Poderemos falar, se quisermos, de corte, mas não se trata mais, então, do que este suscita de separação discernidora; trata-se do rasgão que, atravessando uma superfície, a subverte irremediavelmente. Assim, não se deveria achar que esse *mesmo* lugar, onde o incessante retorno acontece, não se assemelha nunca: o que o faz ser o mesmo não é o igual de sua disposição, nem a analogia significante da rede que o encerra. Só dá fé uma certeza sem garantia, uma conclusão que antecipa o cálculo dos representáveis e o reconhecimento dos discernimentos: numa palavra, uma interpretação. Assim é que dois gestos, dois enunciados, duas ações poderão ser considerados o Mesmo quanto ao Real, apesar de suas dessemelhanças e de sua separação, e, reciprocamente, poderão ser considerados inteiramente distintos, apesar de sua semelhança ou até de sua indiscernibilidade. É por essa razão mesma que a análise, na medida em que se ordena pelo Real do Sujeito, nunca produzirá uma política de condutas. Dos princípios que ela enuncia não se segue nenhum critério unívoco que permita situar-se com certeza nas ações humanas: nada, portanto, dispensa a escuta, que é a única a poder fundar uma certeza. Repetição do mesmo, gume do absolutamente diverso, nada disso pode se fundar numa consideração das imagens ou dos nomes.

Suponhamos agora um Outro que não diga a relação de alteridade, mas a ausência de qualquer relação, não o discernimento significante, mas o impossível de algum significante o discernir: temos o heterogêneo absoluto, tão disjunto de todo Mesmo que nenhuma derivação do um ao outro, seja qual for a orientação, pode por um instante ser suposta. Nenhum significante é capaz de apreendê-lo, já que ele é estranho a qualquer cadeia: em outras palavras, o significante que para isso bastaria é aquele mesmo que, por estrutura, falta. De onde vem que, se um tal Outro existe, *um* significante necessariamente faltará a qualquer cadeia. Ora, é este o Outro Real, que podemos nomear, após Platão, o Héteros: assim como a repetição não reclama nem a semelhança dos iguais, nem a identidade dos nomes, esse Outro não se enoda por si ao diferente, nem ao discernido. De modo que a pulverulência infinitamente diversa de R é da mesma forma a monotonia medíocre e amorfa.

Ora, é isso que dizemos quando dizemos o *outro sexo*, usando o mesmo significante que para dizer o outro dos nomes e o outro dos corpos, mas com fins distintos. Pois o ponto é que S não basta: nem os nomes de *homem* e de *mulher*, nem os discernimentos simbólicos – linguagens, ritos, costumes – que eles resumem. Mas I e as propriedades representáveis dos órgãos tampouco bastam: quem quisesse dizer o que designam os nomes dos sexos bem rápido sentiria que o adorno dos corpos não vai nunca esgotar o que ali é visado. Assim, que de fato exista um Outro sexo é somente supor que não nos limitamos a nomes distintos nem a anatomias dessemelhantes. Mas é supor também que existe um Outro que não seja nem de S nem de I. De modo que é a mesma coisa supor que há um real do sexo, que há um Outro sexo e que do sexo nenhuma relação resulta.

3.
Os Uns

A suposição do simbólico pode ser articulada sob a forma "há Um". Mas o Um de que falamos então é o do discernimento como tal, tanto que poderemos da mesma forma dizer "há discernível". E, como a substância do simbólico, a causa material de todo discernimento, não é outra senão alíngua como real, diremos ainda: "há alíngua".

O significante *Um* assim mencionado é, portanto, o significante do discernível, isto é, do fato de haver significante: do fato de cada significante, na medida em que vale para um Outro, valer como um Um. Assim, nas cadeias significantes, inclui-se – e isso, com toda necessidade, já que não há metalinguagem – qualquer significante que nomeie a possibilidade das próprias cadeias: significante um, significante entre outros, significante do fato de haver Um, significante do que permite dizer de cada significante que ele é *um* significante, na medida em que vale para um outro, temos aí uma função cujos valores enxameiam e que nomearemos, sem nenhuma violência de língua, o Significante Um. Às vezes, por uma autonímia que resiste à imaginária diferença da menção e do uso, o próprio Significante Um recebe o nome do Um: é o Um de S.

Ora, o Um é equívoco. Pois, ao lado do Um de S, e conectando-se com ele, existem o Um real e o Um imaginário.

A idéia do primeiro, disjunto de toda propriedade e de todo nome, pode ser dada pela singularidade absoluta do *Isto*, do qual não se pode falar sem colocá-lo na conta das propriedades não singulares. Podemos com certeza sonhar chegar a isso por via negativa: despojar um ser de toda propriedade e assim alcançar o que, conseqüentemente, aparece como um substrato desnudado: reconhecemos a *materia prima* da tradição, à qual, no entanto, é preciso acrescentar aqui a forma da singularidade. Fora das propriedades, o Um real é, pois, o grão que resiste a qualquer jogo que pudesse afetá-las: se a imaginação experimentar, então, fazer variar ao infinito todas as propriedades possíveis de todos os objetos possíveis – em suma, percorrer todos os mundos possíveis –, ela se persuadirá de que existem pontos que escapam e apoiará uma representação dele: o átomo ou a estrela fixa, mas também a pulverização, o acúmulo, o monte, a floculação, são essas as imagens que aqui se propõem, a um só tempo sugestivas e adulteradoras. Bem rápido – no instante seguinte, poderíamos dizer –, as vias da especularização voltam e, com elas, os esquemas de semelhança: por ser absolutamente estranho, o Um real aparece então sob as espécies enganosas da permanência e da impenetrabilidade, de modo que, na realidade, tecida de semelhantes e de dessemelhantes, ele costuma se inscrever como cicatriz do que permanece e resiste. No que encontramos a repetição, o incansável retorno, a fixidez, o insubstituível e, se com isso não tomarmos cuidado, o idêntico a si, que, no entanto, só deve ser evocado para que seja desfeito: o Um aqui não tem si e não tem propriedades que poderiam soletrar sua identidade[1].

É esse o Um a que visam, em sua dicotomia, tanto o artigo definido – pelo menos quando não visa um gênero ou um tipo – e o artigo indefini-

---

1 Seria fácil mostrar que a teoria de S. Kripke (*Naming and Necessity*, Oxford, 1972; trad. franc., *la Logique des noms propres*, Paris, 1982) é uma teoria do Um de R, na medida em que ele está disjunto de todas as propriedades, mas também do nome próprio que lhe é dado. A teoria pode ser resumida assim: se a proposição "Cícero escreveu as Catilinárias" contradiz a proposição "Cícero não escreveu as Catilinárias", é preciso que o nome *Cícero* tenha o mesmo referente nos dois casos. Assim, a propriedade "ter escrito as Catilinárias" não pode servir para definir nem o sentido do nome *Cícero*, nem a identidade do referente. Ora, *todas* as propriedades enunciáveis de Cícero podem ser submetidas a esse tratamento; em conclusão, *nenhuma* propriedade atribuível a X (o que aqui chamamos propriedade de I) define nem o nome próprio de X, nem o próprio X. Em outras palavras ainda, o nome próprio *Cícero* designa um Um que permanece idêntico a ele mesmo, embora todas as propriedades que formam um mundo possível particular sejam submetidas à variação. Assim, o nome e o referente estão disjuntos das propriedades de I, mas, por outro lado, o nome e o referente estão disjuntos um do outro: o que é a diferença entre o Um de S – aqui, o nome próprio – e o um de R – aqui, o referente do nome próprio.

do – pelo menos quando não visa uma espécie. Ali onde descompasso algum é possível, onde, por conseguinte, o único não se opõe ao múltiplo, temos *o* basta – por isso diremos *o desejo* ou *o objeto*, como dizemos *o Sol* ou *a Terra*, sem que com isso nenhuma totalidade seja suposta. Mas ali onde o descompasso aparece *o* faz imediatamente integração e, longe de alcançar o Um real, ele atrai para o Um simbólico da função: *o* genérico dos gramáticos.

Consideremos assim os seres falantes em sua multiplicidade (o que abre a questão da quantificação lógica deles). Contanto que aí reconheçamos um conjunto dizível, e a fim de designar a função que os reúne (momento da quantificação universal), usaremos o *o*. Quanto ao substantivo que se seguiria, se ele deve apenas repetir, como um simples apêndice lexical, a propriedade integrativa do artigo, sem a ela acrescentar mais substância descritiva que o mínimo requerido pela representação, qual pode ser senão o significante *homem*? Nisso se resume, como num estenograma, a conjectura de que algum retalho de língua pode nomear *todos* os seres falantes e pode nomeá-los *únicos*. Assim, diremos *o homem*: mas, ao mesmo tempo, o Um real falta.

Com efeito, não se pode obter aqui nenhum uso do *o*: só *um* poderia convir, já que os seres falantes são tidos por múltiplos. Mas o substantivo *homem* não convém muito, já que traz consigo a mesma função integrativa do artigo definido genérico. Só permanece, para se acoplar ao artigo *um*, um substantivo apto a apontar o disparate que, na maneira do sexo, chega aos seres falantes pelo desejo real: ou seja, o substantivo *mulher*, no qual nada leremos que resulte dos órgãos, nem das funções reprodutoras da espécie, mas apenas a repetição do Um real dos seres falantes: na verdade, o artigo indefinido singular havia dito o bastante.

Diremos, pois, *uma mulher*, sem que deva ser entendido aí o significante *Um* que marcaria o discernimento de cada uma, nem a unidade que as reuniria em espécie animal[2]. Não pensemos, no entanto, que o singular tenha aqui um privilégio: tanto quanto ele, o plural pode tocar o Um real:

---

[2] No entanto, podemos temer que assim a atenção se perca nas particularidades. Por isso acabamos usando, apesar de tudo, o artigo definido: então, por um semblante inaudível, recorremos à rasura e dizemos *L̸a mulher* [Mantivemos o *L̸a* em francês para distingui-lo do A̸ de Outro barrado. (NR)].

basta que não seja ouvido do lado de uma comunidade reunida, mas do lado da dispersão irônica que a desfaz: dizemos então *as mulheres*, mas também *os seres-de-fala* [*parlêtres*], ou *os judeus*, ou *os amores*, ou *as delícias*. Mas não esqueceremos que, inversamente, mal os descompassos se impõem, o plural diz o gênero e o todo: *os homens*, mas também *os eleitores, os franceses*, ou *as amizades* ou *os bens*.

Um Um que não discerne e se apropria tanto do definido quanto do indefinido, no singular quanto no plural: daqui para adiante, ele está separado do Um simbólico. Um e outro estão igualmente separados de um Um que faria laço. Entendamos o Um de I, que, por si, enoda e é enodado. Pois, em I, tudo se agüenta e, agüentando-se, faz todo. Assim, o Um aqui concorda com o Mesmo, o qual concorda com as propriedades. Por isso, poderemos dizer, sob a mesma forma que atribui uma propriedade a um sujeito, "ser o Mesmo" e "ser Um". Ser o Mesmo é, aqui, ser igual e ser Um, é estar unido pelo que se tem de igual. Cada ser é, portanto, Um, na medida em que, tendo as propriedades que tem, é necessariamente igual a si mesmo e, portanto, um em si mesmo, o que funda, pelo mesmo movimento, a identidade a si, a unidade de si e a unicidade. Além disso, dois seres, cada um fazendo um, nesse sentido, também são, na medida em que têm uma propriedade comum, os mesmos do ponto de vista dessa propriedade. Ora, ser o Mesmo é também ser Um, na medida em que eles são Um do ponto de vista dessa propriedade: o que funda toda espécie de união – e de homogeneidade. Teremos reconhecido, mais uma vez, no Um de I, a lógica leibniziana dos indiscerníveis, que das propriedades passa à identidade e da identidade ao Um.

Assim, diríamos sem problemas que toda a Realidade se ordena pela articulação do Mesmo de I – enunciado pela estrita correspondência das propriedades similares e da identidade – com o Um de I: por conseguinte, as duas teses que, tomadas juntas, diziam o Mesmo transpõem-se e inserem-se numa conexão mais profunda de três teses sucessivas, da qual, combinadas numa só, elas formam a segunda:

(I) há propriedades;

(II) são elas e só elas que distinguem ou não, por diferenças e semelhanças;

(III) dois seres que nenhuma propriedade distingue contam por Um e dois seres que contam por dois devem ter ao menos uma propriedade dessemelhante.

Ora, é preciso dizer que nem S nem R são regidos por uma tal conexão; o que se diz também: tanto S quanto R admitem indiscerníveis.

Mais uma vez, a lingüística estrutural testemunha por S, ao se deixar logicizar apenas por uma inversão das duas primeiras teses: o discernimento é primeiro, diz ela inicialmente, e é isso que funda as propriedades. Daí nascem um certo Mesmo e um certo Outro, daí nasce, enfim, um certo Um, que deve apenas ao discernimento puro: vale dizer que, num sistema em que o discernimento precede as propriedades, (III) não é mais capaz de ser concluída. Por isso, dois seres daqui por diante poderão ser no máximo diversos por suas propriedades descritivas e, no entanto, contar como Um na ordem de S, de hábito nomeada *estrutura*: teremos reconhecido, reduzida a seu princípio, a distribuição complementar, tão cara a Troubetzkoy, que era para ele a própria essência da prova em matéria de língua. Reciprocamente, dois seres podem ser inteiramente semelhantes quanto às suas propriedades e, no entanto, fazer dois: é o paradoxo borgesiano do Dom Quixote e é a ambigüidade estrutural absoluta que a lingüística havia construído.

Não é aqui Troubetzkoy que deve ser citado, mas, antes, Benveniste: ninguém mais que ele reconheceu essa figura e sua obra parece inteiramente destinada a operar essas diferenciações afinadas em que duas formas, semelhantes pela morfologia e pela significação, estão mesmo assim separadas para além de qualquer dessemelhança sensível, tanto que delas só poderemos dizer: elas não fazem um[3]. Assim, vemos em que se deve sustentar que a lingüística e todo discurso ordenado só por S são anti-leibnizianos, na medida em que requerem a possibilidade do discernível, sem ter necessida-

[3] Por um paradoxo digno de nota, é essa mesma figura que é encontrada em Abel, inspirador de Freud; pois o que são os sentidos opostos nas palavras primitivas senão a suposição de que ao Um de S, que permite reconhecer uma palavra única, não corresponde um Um de I, do lado dos referentes designados? Enganado pela indubitável leveza das provas filológicas – e rápido demais satisfeito em concluir pela inanidade da tese de Abel –, Benveniste não reconheceu o próprio objeto que havia animado sua própria doutrina.

de alguma dos indiscerníveis. No sentido contrário dos seres representáveis, os significantes são distintos *sola positione* e *solo numero*. O Um que eles soletram não está fundado em propriedades e não é o limite do Mesmo: quando muito, é o limite do Outro: não o máximo das semelhanças que unem, mas o máximo dos discernimentos que separam.

Assim se desenham as vias de um discurso que se ordenaria integralmente por S. Sabemos que ele, de fato, emergiu em seu tempo e que vimos nele a própria essência da modernidade: belo sonho de um reinado imóvel do simbólico, aparentemente atestado pelas ciências ditas humanas e pelo maquinismo informático, chave suposta de todas as prosperidades econômicas. Podemos conceber que todo apontamento do Um de S possa ou deva passar por tais vias: assim se explicam certas solidariedades dos anos 60. Mas que o discurso puro de S seja outra coisa que uma estabilização imaginária é o que não se deve concluir: ainda que, sob o efeito das homonímias, a dimensão do Um real possa ter sido, por ele, isolada.

Não mais que S, a suposição R não obedece aos Indiscerníveis. Mas aqui não é mais por simples inversão das premissas que o Princípio se esvaece, é pela explosão da própria cadeia: em R não se passa do Ser ao Um, nem do Ser ao Mesmo, nem do Mesmo ao Um, nem do Um ao Outro. Nenhuma determinação acarreta nem implica a outra, o que tampouco significa que se excluam: por não manterem nenhuma relação, elas são, por contingência pura, compatíveis ou não. De modo que o Um Real é tanto diverso e semelhante, persistente e efêmero, um e múltiplo, singular e anônimo: são esses, sabemos, os sintomas de todo Um real – objeto (*a*) ou sujeito – mal o perseguimos ao longo das cadeias significantes ou das representações. O que pode ser dito de outra maneira: da emergência do Um real nada se segue de unívoco, pois nenhum laço de consecução aqui subsiste. E, contanto que essa emergência se diga num efeito de verdade, é preciso concluir: *ad verum sequitur quodlibet*, da verdade só vem o que um sujeito deseja.

Entrevemos, então, a importância que há, para quem quer restabelecer as representações, em restaurar o efeito dos Indiscerníveis. Na verdade, todo discurso, na medida em que tem efeito de Realidade, poderia se resumir no seguinte: fazer com que, capturado por ele, o sujeito saiba sempre se, sim ou não, isso faz Um ou Dois, Mesmo ou Outro, Algo ou Nada. Pois, realmente, as propriedades e os nomes para isso não bastam nunca por si mesmos, ao contrário dos sonhos das ternas almas realistas. Para isso sempre é preciso um discriminador: algum agente, encarnado ou não, que decide, sem que se possa predizer que sua sentença será conforme ao que a simples vista permitia[4]. Sabemos que se trata aí do efeito de todo significante supremo e de toda metalinguagem final: ligar os seres entre si, mas de tal maneira que, por esse laço, o discernível se estabeleça.

Mas, às vezes, em lugar de um puro significante, nesse lugar uma encarnação se propõe: um indivíduo ou um aparelho. Fonte dos discriminadores, eles guardam para si o uso e o domínio deles, cumprindo dois efeitos contraditórios: manter o princípio dos Indiscerníveis como princípio supremo de toda Realidade e legar a todos, exceto a eles mesmos, um mundo entregue à indiscernibilidade. Necessariamente infalíveis, já que só deles procede a partilha final entre o que conta como falta ou não, a atividade predileta deles é fazer valer diferenças ali onde os simples viam semelhanças e pôr no mesmo saco o que se teria imaginado separado. O Chefe, o Partido, Al Capone, Tia Léonie, todos os pequenos líderes têm aí a posição definida: eles nada mais têm a fazer a não ser desconcertar os raciocínios e as atribuições, recusar as deduções mais bem fundadas em proveito dos *non sequitur* mais patentes, sem no entanto se proibir, em algumas circunstâncias, seguir as consecuções ordinárias. O ponto é, em qualquer situação, não estar ali onde o subordinado os esperava. Reconhecemos a estrutura da autoridade e das dominações, e o capricho que determina qualquer sujeito, contanto que tenha dado ao lugar do discriminador traços individuados: os seus próprios, quando se trata de mandar, os de outro, quando se trata de obedecer.

---

[4] Teremos reconhecido o debate da predestinação e da justificação pela fé. A posição agostiniana, retomada por Lutero e Calvino, é que Deus não leva em consideração as pessoas – e mesmo assim escolhe algumas. Vale dizer que ele as discerne, sem dar atenção às propriedades. De onde se deduz que nenhuma propriedade representável – o que chamamos as obras – é aqui pertinente: o discernimento vem de outra parte e de antes. Por isso, é preciso colocar que, do ponto de vista de Deus, os homens são indiscerníveis, sendo todos pecadores, mas que, por pura graça, isto é, por uma contingência vinda da bondade, e não da justiça, há discernimento.
Entendemos estar aqui fora do campo das representações possíveis. Para restabelecê-las, basta reintroduzir o Princípio dos indiscerníveis sob a forma das obras e dizer que dois homens que teriam as mesmas propriedades – mesmas disposições e mesmas ações – serão, por Deus, tratados da mesma forma.

4.
Alíngua

A própria alíngua *é nó e deveria declinar-se conforme as três suposições.*

Quem não vê, com efeito, que alíngua é marcada pelo imaginário tão logo é pensada como relação: relação entre indivíduos – o que nomeamos comunicação –, relação entre coisa nomeada e nome – o que nomeamos significação e referência. Ao mesmo tempo, o enxame das propriedades se levanta: a relação está fundada em propriedades? Há semelhança, analogia, ou simples encontro entre a coisa e o nome? Há conaturalidade entre os indivíduos falantes – digamos um embornal mental de mesma capacidade e de mesmo conteúdo? Formam eles uma comunidade: sociedade ou outra? Todas essas são questões que a filosofia sempre teve de conhecer e que pedem repostas apenas imaginárias e circulares. O nome que integra as questões e as respostas, integrando da mesma forma a inserção de alíngua no anel dos representáveis, é *a linguagem*. Ela mesma propriedade, naturalmente distintiva e própria, de uma espécie no seio das espécies reconhecidas.

Do lado de S, encontraremos *a língua*, pelo menos tal como a lingüística a trata: entrecruzamento de discernimentos, anteriores às propriedades e fundando-as. Sabemos que é essa a encarnação mais manifesta do Um simbólico. Por isso é que a ciência que faz dela seu objeto merece com justiça ser a regente de todas as disciplinas, pelo menos as que, bem modernas nisso, não procuram estudar o próprio homem, mas a interseção de suas propriedades representáveis e da grade que discerne.

Entretanto, a língua não se limita à integral do que a lingüística dela representa: precisamente, por ser seu objeto, ela regra sua visada e, como tal, está para além das teorias formuladas. Ora, é preciso ter cuidado com isso: não é na medida em que está *representada*, mas na medida em que está para além das representações teóricas, isto é, em si mesma e para si mesma, que a língua toca em S. Admitamos, se for preciso, que as teorias lingüísticas ou as descrições gramaticais sejam para sempre puras convenções – essa posição foi sustentada –, admitamos até que essas convenções sirvam a fins irremediavelmente mesquinhos, de todo modo o objeto que elas visam e que as determina não pode ser considerado um fluxo sem forma: desconhecível, talvez, quanto à sua estrutura (é o que afirmam os céticos), mas, com certeza, estruturado e intrinsecamente percorrido de discernimentos. Aí reside a fonte dos paradoxos em que o pensamento se fecha ao encontrar a língua: na precedência alternada da sociedade sobre a língua, ou da coisa sobre o nome, reconheceremos a sincronia radical dos Uns simbólicos e a impossibilidade de articulá-los por uma sucessão qualquer: é impossível remontar à cadeia das causas e dos efeitos e, da língua, remontar a uma causa discernível: já que, assim fazendo, recuamos para além do próprio discernível. Mas, também, é impossível fazer da língua uma Causa de si, já que tocamos apenas numa variante ocasional – uma língua particular – do discernimento puro. Resta, então, supor dado o discernimento: que é S.

Alíngua, enfim, toca no real; na medida em que não a esgotam nem os efeitos da comunicação, nem os espaçamentos do discernível. O sintoma mais imediato é um impossível: por mais multiplicados que sejam os ditos, literalmente excêntrico ao que, neles, se representa e se distingue, sempre permanece algo que não se diz. Faltam as palavras, dirão, apontando assim o sintoma do real sob as espécies do defeito. Mas convém imediatamente acrescentar que algo também se diz sempre a mais, que não era pedido – de que se pedia que não falássemos. É esse o efeito necessário das homofonias que há e da metalinguagem que não há: nenhum ser falante pode vangloriar-se de ter o domínio dos ecos multiplicados de seu dizer. É, pois, igualmente como Um a menos e Um a mais que o real insiste nas redes de alíngua, como convém ao que, por si, não resulta nem da conta imaginária, nem do cálculo simbólico.

Assim, tudo parece simples: alíngua é real, a linguagem é imaginária e a língua, simbólica. No entanto, tudo também é complicado: no sentido próprio*, já que se trata de dobras empilhadas. É que alíngua, por estar posta em R, também é o real de que isso possa, por um instante, se agüentar junto: entendamos, que esteja incessantemente a ponto de se desfazer. Em outras palavras, alíngua é o real de um encontro contingente entre R, S e I. Ora, é sempre esse encontro real, e só ele, que se declina em formas diversas. É isso, de fato, o que a figura incessantemente recorrente imaginariza, quando se trata da linguagem: a associação. Coisa e nome, som e significação, sintaxe e semântica, sentido e forma, sempre acabamos emparelhando duas existências e descrevendo a ligação delas. E, para terminar, fazemos da própria linguagem o cimento fundamental de toda associação entre os seres falantes: sabemos o lugar que aqui tomaram as noções de signo e de comunicação. Também sabemos que podemos discutir o signo indefinidamente; "ele é arbitrário ou necessário?", perguntamos, sem perceber bem o que dizemos: de fato, nada mais e nada de menos que o encontro, sobre o qual é preciso compreender que poderia da mesma forma não ser, ou não ser como é, mas que, se não tivesse sido, ou tivesse sido de outra maneira, alíngua nunca teria advindo ali onde está. Então se entreabre o ilimitado do que não tem nem nome nem forma, isto é, o Isso, disjunto das subjetivações.

De modo que a querela do signo, por mais adulterada que possa ser quanto ao que está em jogo, mesmo assim mostra o seguinte: ela assinala, isto é, sintomatiza pelo nome *signo*, que, em algum lugar, anéis se enodaram. Há aí um instante em que o eixo clássico das sucessões só pode inscrever como uma ruptura ou como um salto: impossível enquanto não se efetivar, o encontro assim continua sendo *après coup*, já que, para ser apreendido como encontro, ele exigiria que apreendêssemos a separação anterior: isto é, um desenodamento retrospectivo, que, justamente, ofusca todo pensamento e toda intuição. Do que não cessava de não se escrever ao que, doravante, não cessa de se escrever desaparece o acontecimento contingente: a cessação do não se escrever, cuja impossível narração costuma ser falada como origem[1].

---

* Referência à etimologia latina; também em português, o radical da palavra "complicado" remete a *plicare* (fazer pregas, dobras). (NR)

1 Esta passagem deve muito às observações de F. Regnault.

E, no entanto, algo aconteceu: isso não era tocado, depois isso foi tocado. Eis alíngua, contanto que pelo menos acrescentemos: isso é tocado do lado de S – e que, no encontro em que os anéis se entrecortam, escolhamos, por semblante, puxar apenas o fio do simbólico.

Assim se legitima que digamos: alíngua é a encarnação do simbólico. Não que o pensamento, desse ponto, não se encontre engajado em incessantes torções, sem cessar convocado a passar de uma suposição à outra, a reconhecer em alíngua o real do simbólico, mas não menos sua constante bifurcação para a imaginária fonia e a imaginária significação. Ou, reciprocamente, a fazer valer o que, de sua matéria representável, alíngua consegue erigir em cálculos e em discernimentos – a ponto de ver na rede, voltando sem cessar ao mesmo lugar, paradigmas de gramática, a atestação de um real, em si mesmo no entanto exorbitando a qualquer rede. Uma vez mais, o encontro acaba em labirinto.

Mesmo assim é preciso segurar o fio. Por conseguinte, entendemos que se torne palavra-mestra o nome daquilo que, em alíngua, filtra o que a enoda a S: isto é, a língua, da qual não é por acaso que seja derivado, por homofonia, o nome de seu real. A língua é, pois, esse ponto infinitamente multiplicado, no qual contingência e contato operam, o pontilhado onde, da imaginária linguagem, irrompe alíngua real, não sem que se desenhe a simbólica rede dos paradigmas. Estrutura heteróclita e, no entanto, tendendo para a regularidade, ela não pode ser melhor figurada do que por um asférico descosendo-se de um esférico: asférico do real, e esférico imaginário, mas também costura invisível e cerzidura gradeada do simbólico: a língua, assim, vai facilmente se deixar tomar por um objeto (*a*). Nada menos espantoso que vê-la, a um só tempo esvaziada e de novo inchada de valores infinitamente variáveis, animar o desejo de alguns.

Resta a ambivalência do inchado e do esvaziado, de onde, por uma complicação suplementar, se constituem as duas figuras antinômicas da língua ideal e do ideal da língua.

A primeira procura fazer representação do Um simbólico. Ela é, portanto, intrinsecamente unívoca, ou melhor, ela é o lugar balizado por toda demanda de univocidade.

No entanto, seria preciso ver o que essa demanda tem de estranho. Com efeito, consideremos a diferenciação que, vinda do Um de discernimento, marca os termos de S. Sabemos que ela não se apóia em nenhuma propriedade. Por esse fato mesmo, desprovida da mínima substância representável, exceto o que os limites lhes atribuem, coisas e nomes se fazem simples cortes, análogos entre si. Então, não haverá necessidade alguma de supor alguma ligação especial das coisas com os nomes, nenhuma semelhança entre o sistema das primeiras e o dos segundos: na ausência de todo fora-de-língua, qualquer conjunto de cortes, seja qual for, trará consigo sua própria univocidade. Toda língua, como tal, é, pois, sempre unívoca: era essa, lembramos, a tese sublinhada por Benveniste contra Abel.

Porém a demanda de univocidade persiste e se faz ouvir quando, para cumprir seus efeitos de laço, um discurso presumivelmente passa pelas vias da língua, quando, por conseguinte, a língua deve obedecer às injunções de uma Realidade. É preciso, então, mais que a univocidade estrutural, imanente à própria língua: requer-se a garantia explícita de que os lineamentos da Realidade foram bem traçados, como convém e sem confusões. Só que somos modernos e não conseguimos crer num Juiz independente – divino – dos estabelecimentos de correspondências e adequações: o procedimento de garantia deve permanecer interno.

Pedimos, então, que a língua leve seu próprio processo de diferenciação até seu termo derradeiro: diferenciação máxima de segmentos mínimos. Fica entendido, por outro lado, que a Realidade, por sua vez, embora de maneira independente, é suscetível (provavelmente graças à ciência) de uma diferenciação máxima. O limite desses dois movimentos disjuntos e paralelos é, evidentemente, que o mínimo de língua e o mínimo de Realidade acabem por se corresponder, por uma pura analogia estrutural, que não exige nenhuma adequação substancial. À rede discernidora da língua, sempre dada, foi portanto acrescentada uma exigência suplementar: a do máximo e do mínimo. Simplesmente por essa exigência, de resto enunciada em próprios termos pelas penas mais autorizadas, a língua é convocada a assegurar que o Um de sua diferenciação seja também um Um de realidade e que todo corte que ela instituir delimite *uma* coisa: onde encontramos a sinonímia sonhada do Um de S e do Um de I.

Afinal, por que duvidar de que o máximo e o mínimo possam ser impostos a S? É uma maneira de abordar o Um de S que nada tem de elegante senão que, no fim das contas, nada foi ganho: da mesma forma que toda língua é em si mesma perfeitamente discernidora, da mesma forma ela por si só determina o máximo de sua diferenciação e o mínimo de seus elementos: toda língua é em si mesma o termo derradeiro das diferenciações que lhe são possíveis. Mais uma vez, revela-se que, apesar da aparência, não havíamos escapado à demanda de um ponto de referência exterior: aquele que construiria, se fosse possível, a diferenciação máxima e os termos mínimos de I. Ora, em I o processo só pode ser estritamente infinito e só pode encontrar seu fim num limite sonhado. Por isso, embora persigamos de modo insistente o paralelismo das diferenciações, nunca chegamos ao lugar onde, supostamente levadas, ambas, até seu termo final, assegurariam que *um* nome é também o nome de *uma* significação, sem recobrimento nem equívoco.

Um tal lugar, para falar a verdade, só pode ser construído como um ponto ideal. É isso justamente o que vamos nomear língua ideal e que orienta as teorias que têm por fim a clareza e a distinção: já entrevemos a função de Supereu que um tal ponto pode assumir em relação a todos os discursos cuja matéria é a língua. Leibniz é a testemunha mais autorizada disso, e basta um passo a mais, permitido pela homonímia dos Uns, para que, da língua ideal, figura imaginária, mas traçada pelo Um simbólico, nasça uma língua por inteiro ordenada pelo Um imaginário: entendamos aquela que faria laço perfeito, tanto entre os nomes e as coisas quanto entre os seres falantes.

A distintividade da rede fica, então, investida pelas solicitações da comunicação absoluta e eficaz: uma língua na qual tudo se diria, de todos a todos, e sobre toda coisa, em qualquer ocasião. Sabemos que Leibniz sonhou com isso e falou disso, mas tampouco deixam de sonhar alguns que não falam disso: lógicos, matemáticos, filósofos – sobretudo desde que temos à nossa frente um discurso organizado segundo a mesma homonímia: a economia de mercado. Aí, com efeito, o Um do objeto material fica captado pelo Um simbólico do numerário, segundo vias que não tinham esperado Marx para serem operantes. Por conseguinte, a moeda torna-se a figura mais acabada da língua, e a livre circulação das mercadorias no mundo se propõe como um ideal, obscurecido apenas pelos acasos da história e pelas paixões dos homens. É estrutural que semelhante figura emerja nos lugares e nos tempos em que se concentra e se atesta a equivalência do mercado e de um mundo, assim como também as ordens políticas liberais que convertem toda homonímia dos Uns em sinonímia: democracias antigas ou liberalismo burguês.

A colagem da língua ideal, como ponto no infinito, com uma língua de realidade confere a esta última todos os predicados, perfeição, clareza, universalidade, que são o dinheiro miúdo da sinonímia dos Uns. Facilmente achamos que eles lhe são intrínsecos: basta percorrer a sucessão que do latim levou ao francês, depois ao alemão, depois ao inglês, para saber, sem necessariamente estar persuadido disso, que ali não há nada que não seja extrínseco e contingente. A cada vez alguns traços de realidade podem ser invocados: assim ouviremos louvar a exatidão de uma, a precisão e a elegância de outra, a riqueza superabundante da terceira, a brevidade da quarta. A verdade é que sempre há algo desse gênero a valorizar, mas daí nenhuma conseqüência decorre, pois toda língua é perfeita, toda língua é distinta, toda língua é universal – exceto que, numa conjuntura de realidade dada, só uma o é.

Numa sucessão tão bem atestada, os tempos presentes no entanto se distinguem num ponto: não há nada de novo, é verdade, no fato de uma língua particular ter-se colado no ponto ideal. Não há nada de novo no fato de essa língua disso retirar privilégios, ainda mais eficazes na realidade porquanto são inteiramente imaginários. Mas o inédito é que, mais decididamente que nunca antes, a língua ideal se propõe como o que deve dispensar de toda língua. "As línguas são um mal", murmura-se, já que ofuscam com seus acidentes a transparente sinonímia dos Uns e a Univocidade que assim se funda. O que encontramos no ponto ideal, estando apreendido como essa transparência salva, é também apreendido como a morte das línguas, doravante inúteis. Ora, é sintomático que seja a língua inglesa, entre todas as línguas, que se tenha apropriado de uma tal função, já que ela é a língua em desaparecimento por excelência: Joyce marcou seu fim, e simultaneamente os *talkies* e o *journalese*, que mostram a atomização do inglês em jargões. Mas não se deve rir dessa morte diária de que cada sujeito, anglófono ou não, se faz o agente: o que nela se diz e se cumpre é o segredo fúnebre do mundo moderno: o ódio de alíngua, ou o lamento irritado de que os homens sejam falantes.

O ideal da língua é de ordem bem diferente. A sinonímia, com certeza, é sua matéria, mas, mais que pelo Um imaginário, é pelo Um real que ela se constrói: a língua está convocada a reencontrar, percorrendo as vias de suas distinções e de suas formas – pouco importa, então, que sejam regulares ou não –, o ponto do encontro, que é também o instante da nomeação real. Pelos léxicos e pelas sintaxes, produzir, nem que seja só uma vez, um nome que seja Um e que diga Um real: se isso se cumprisse, a língua, por sua trajetória própria, teria enfim se juntado a alíngua, como, num álefe de legenda, as leis da ciência recompõem um lugar que excede qualquer lei.

Podemos afirmar que Mallarmé nada mais visava que um tal ponto No estalar seco dos dois dados, lançados um contra o outro, um trazendo a cifra do sentido e o outro a do som, durante esse instante – sem duração, mas mesmo assim tal que, por ter uma vez acontecido, nada pode fazer que ele não tenha sido, daí o caráter de eterna circunstância que, por aliança de palavras, podemos lhe conferir –, então entenderemos o encontro: de S, pois se trata de números (cifras das faces, aritmética do verso, rede da sintaxe e do léxico), de I, pois se trata de matéria formada (cubos dos dados, sonoridades e significações das palavras), de R, enfim, cuja idéia nos é dada pelo acúmulo de estrelas, sem propriedades, sem forma outra além da ilusória, e, no entanto, contável como *septuor* e nomeável como *Setentrião*.

A crer que, se perguntássemos o que designa esse Um que é um verso e que é identificado, na falta de melhor, como *Palavra*, para além das palavras triviais que, compondo-o, desfazem-no e desinscrevem-no, Mallarmé teria respondido que, em cada circunstância, ele designava a constelação fria. Como não reconhecer aqui a própria figuração do Sentido, livre de toda significação? Em outras palavras, esse Real que o encontro atinge e produz, contanto que alíngua, como real, tenha se efetivado na língua como simbólico.

Que, além disso, a partir do Sentido, tratado como ponto no infinito dirigindo cada verso enquanto tal, o poeta tenha sonhado recompor uma reta na qual os versos se tivessem enodado uns aos outros num Livro, que, portanto, pudéssemos passar da constelação ao Universo, é esse propriamente o efeito da demanda, isto é, do mito. De resto, todo o *Lance de dados* soletra-lhe o fracasso, que corresponde ao abandono do Livro: a reta no infinito nunca será traçada. Em vez do Livro pedido, vamos nos ater ao estrito desejo do Sentido, causado por esse sete, incansável sintoma do real, alusão repetida à Grande Ursa, que em todo dado, onde quer que caia, sairá sempre, contanto que consideremos a um só tempo suas duas faces opostas – o que, como palavra, um verso diz e não diz. O número que não pode ser um outro comprova que, em alguma circunstância pelo menos, apesar da dissolvente diversidade das línguas, o encontro real é possível, encontro no qual alíngua, por um curto instante, cintila.

5.
Homonímia e Sinonímia

Equívoco e declinação: são estas as necessidades da matéria de que se tecem os nomes – ou seja, a língua, sem a qual nada pode ser dito. Por mais depurada e distintiva que a queiramos, vem sempre um momento em que tal entalhe operado num dos anéis terá mesmo nome que tal outro entalhe operado num outro anel. Mais estritamente ainda, cada vez que um nome tiver sido posto, ficará claro que, por ter efeito de verdade, ele só pode ser constituído como um ponto borromeano: um ponto onde os três anéis se agüentam juntos e se tocam, a não ser que se separem. Daí se deduz que um tal nome não pode encontrar uma parte de um anel sem encontrar uma parte dos outros dois; ele não pode se situar distintivamente num anel sem se situar nos dois outros. O que é uma radical *homonímia*: em cada instante de nomeação, ela se efetiva, sustentando, assim, a necessidade de que o encontro borromeano seja indissoluvelmente causa de equívoco.

Não é, pois, a homofonia como tal que é determinante. Talvez a conjectura seja fácil e, tomada ao pé da letra, autorize todos os empreendimentos que, arrancando alíngua à fonia, a votam à univocidade. Daí essas línguas fora-de-fonias, em geral batizadas como escritas, nas quais acharíamos que só a distintividade simbólica ou o lineamento real estejam em jogo. As escritas formais soletram esse sonho, mas também as tábuas de categorias, nas quais parece que alcançamos as puras determinações, aquém das quais não há mais nenhum nome articulável. Mas isso ainda é um sonho: a homofonia talvez tenha se esvaecido, com a fonia, mas não a homonímia. Assim, a cadeia das categorias, por mais mínima que a queiramos, revela-se incessantemente roída: como vimos, quem quer se ater aos nomes, supostamente puros, do Ser, do Mesmo, do Outro, do Um não cessa de constatar que todo ponto assim construído co-pertence aos três anéis, faz com que se agüentem e simultaneamente se soltem por esse co-pertencimento mesmo.

Só um fora-de-língua poderia aqui dissipar a homonímia. Quer o imaginemos como um pensamento puro, desprendido de alíngua, ou como uma língua exorbitante, é sempre o voto de um tal ponto que emitimos, e sua subsistência é a mesma da metalinguagem. De resto, pouco importa que se queira através dele restabelecer uma harmonia sinonímica ou uma contradição antinômica; em ambos os casos, supomos que a homonímia pode ser dominada e que pelo menos alguém pode saber a que anel nos agarramos: um Deus com certeza, se existisse, teria esse poder de dizer quando os nomes homônimos são sinônimos ou quando não o são, de, em todo caso, mantê-los separados. E, se um tal Deus não é suposto, podemos lhe encontrar substitutos e desenhar esse lugar onde nenhuma deriva homonímica ocorre. Mas o real é que nada assim existe e que a deriva é incessante: não, pois, a versão otimista da sinonímia, nem a versão pessimista do inconciliável dos homônimos, mas a possibilidade constante e não assegurada da indistinção ou da disjunção deles.

A homonímia dos nomes é constante, sejam eles proferidos em I, em R ou em S. Ela não passa do testemunho da não-relação absoluta deles; ora, do fato de que tais existentes sejam sem relações resulta precisamente que eles podem coincidir: com efeito, é só de uma relação que poderia nascer ou a obrigação ou a interdição do encontro. Assim, os diversos Uns, por serem absolutamente heterogêneos, não estão em distribuição complementar. Acontece – *contingit* – de eles se tocarem. Então, podemos dizer que os três anéis, borromeanamente enodados, juntam-se num ponto e que esse ponto, em cada um dos anéis, tem o mesmo nome. Nesse instante singular e precário, a homonímia se converte verdadeiramente em *sinonímia*: seja qual for o anel no qual ele deve se inscrever, o Um situa, por contigüidade, o ponto de mesmo nome que pertence aos outros anéis.

Os Uns são, por um instante, sinônimos: ao mesmo tempo, seguem as outras categorias. O Mesmo, o Outro, o Ser se concentram em pontos de contigüidade, contingente e sinonímica, onde os diversos anéis parecem se repetir mutuamente.

Pelo menos é esta a hipótese: "Pode acontecer – e às vezes não – de os Uns serem sinônimos".

Assim se constrói a forma do encontro contingente que um representável implica, já que aceita o Um de I, mas também um nome, já que enoda I ao Um de S, e que toca no real, já que ela se choca contra o Um de R. Por isso a chamaremos nomeação real, com um nome que aparece, por conseguinte, como o resumo de toda sinonímia contingente dos Uns. Vamos chamá-la também *caso*, no qual se recobrem a percepção de propriedades realistas – eventualmente clínicas –, um nome próprio e o real de uma posição subjetiva. Também a chamaremos *sentido*, uma vez que o efeito de verdade de uma proferição se desprende de suas significações representáveis e excede seu material significante. Vamos chamá-la, enfim, *verdade*, contanto que visemos o efeito que vem após um enunciado no instante em que ele cai justo.

A análise, em sua possibilidade simples, não tem outro fundamento. Foi o que pudemos isolar sob a forma de uma hipótese mínima da qual a precedente é apenas uma variante mais seca: "O indivíduo que é dotado do inconsciente é o mesmo que constitui o sujeito de um significante" (*Encore*, p. 129). Reconhecemos aí o essencial de um entrechoque sinonímico entre um Um de I, dito *indivíduo*, um Um de R, dito *sujeito*, e um Um de S, dito *significante*: o que mais senão um valor particular da matriz fundamental do encontro contingente? Compreendemos, então, que um discurso que resulta de uma tal hipótese tenha por coroamento o caso, por efeito, a verdade e por exercício, a *interpretação*, que nada mais é senão a fala que faz sentido e encontro. É isso que é registrado por uma escrita em que é um significante que pode ocupar o lugar da verdade; é isso que é implicado pelo axioma escondido de que "a verdade fala", de que o silêncio, portanto, não é seu lugar derradeiro.

Mas, uma vez mais, a homonímia rói os nomes. Podemos com toda certeza impedir isso, distinguindo o caso e a conjuntura, o sentido e a significação, a interpretação e a explicação. Podemos buscar separar as verdades: pois a verdade que é encontro real e só se atesta no instante de um efeito tem o mesmo nome que a verdade simbólica, fixada em tábuas e coagida pelo rigor no manejo das letras, e a verdade imaginária, fundada numa adequação estável entre dois seres – coisa e nome, objeto e idéia, etc – dotados de propriedades (sabemos que ali se funda o paradoxo do terceiro homem, matriz de todas as metalinguagens). Ora, nenhuma configuração de S, nenhuma disposição imaginária podem perpetuar nem garantir um efeito que vem do instante e da contingência.

Pois o encontro aqui é indissoluvelmente um ponto de afastamento: no instante em que um nome diz o corte real, os anéis se desfazem por essa proferição mesma, semelhantes a bolas de marfim que, ao se tocarem, se repelem ao infinito. A sinonímia, se existir, só pode, portanto, ser precária e incerta. Se ela se inscrever nos representáveis e nos dizíveis, só pode ser ao preço, no instante seguinte, de uma dispersão desordenada: por isso ela não pode se conformar nem à tese da constância, nem à antítese da impossibilidade. Sempre há sinonímia, dizem uns, otimistas bobos, em geral abestalhados, que crêem em tudo o que se diz. Não há nunca, dizem outros, céticos, não tolos e, em geral, canalhas. A hipótese aqui é bem outra: "Às vezes acontece e às vezes não acontece de podermos enodar o ponto onde os anéis se cortam".

Hipótese, disseram, e com toda razão, pois nada de dedutivo pode convertê-la em teorema. Quando muito podemos apoiá-la com o fato de que os sistemas de sinonímias imaginárias – entendamos os discursos – sempre conhecem seu dispersante: um nome que, proferido, faz brotar a verdade como desfecho, desenodamento.

A história real dos seres falantes é feita apenas dessas fraturas sinonímicas, momentâneas e suspensas. Por isso entrevemos que a análise faz delas a sua matéria, que às vezes pode ser reconhecida nessas práticas que da história como *Geschichte* fazem a história como *História*: arqueologia e ciências filológicas. Exceto que falar de história é já ter construído séries prontas para se adaptarem às conexões realistas – causais ou não. Os historiadores, ao não se limitarem à sessão, não podem escapar à chicana: se o objeto deles nada mais é que a emergência do sentido e do caso, seu material só pode ser representável: significações e conjunturas. Ao mesmo tempo se constrói o sintoma do discurso histórico como ponto de junção da emergência dispersante na seriação ligada: o acontecimento, o momento, o corte, a idéia nova, em suma, a figura do *novo*, de que o *moderno* é o correlato estabilizado.

O encontro, de fato, sempre é novo em relação ao discurso que, contanto que esse encontro opere, parece sempre preexistir a ele e dele ser dispersado. Uma vez afastada a condição que submete os representáveis à sucessão temporal, resta o puro e simples "mexido" nas estruturas: uma maneira de enodar os três anéis, necessariamente inédita, uma vez que, ao ser já reconhecida, teria cessado de fazer sinonímia real.

Porém uma volta suplementar nesse meio tempo se efetivou, volta na qual se funda a própria demanda de que haja história e a certeza de que a sinonímia pode ocorrer. Com efeito, tudo se passa como se, no mundo próximo de nós, a homonímia tivesse levado seu ataque até o termo extremo, ao propor, como estrutura das representabilidades imaginárias, uma palavra que nada mais diga além da própria sinonímia. De modo que a suposição de uma sinonímia real se diz segundo as mesmas vias que a sua contrapartida imaginária.

Com efeito, veio um dia em que os três Uns foram explicitamente supostos sinônimos: será a Iônia, Atenas, Roma, será Erasmo ou Montaigne ou a Inglaterra? Pouco importa: guardemos apenas, a título de lembrança, que se pôde dizer, em algum lugar, *habeas corpus*, onde não se deve ler apenas a última palavra do individualismo possessivo, mas também a postulação heróica de que o Um imaginário do corpo especularizável seja decifrável como o signo de um Um real, isto é, de um sujeito. Através, evidentemente, da mediação própria do laço social, isto é, da emergência de um Um simbólico sob a forma do nome próprio, inscrito numa lista, preferivelmente eleitoral, numa carteira de identidade, ou simplesmente proferido por uma instância preocupada em não tomar ninguém por outro. Daí vem que é preciso que sejam respeitadas a integridade do corpo e a propriedade do nome: tortura e anonimidade tornam-se as duas faces de um único crime.

O singular é aqui que, supostamente, só o Um simbólico seja necessário e suficiente para fundar um laço. Como o fim de toda sociedade é manter juntos, isto é, tornar simultâneos e compatíveis seres falantes, pôde-se crer que só uma homogeneização positiva conseguiria isso: dar signos materiais e representáveis do que une, é essa a eficácia reconhecida de tantos mitos ou costumes partilhados. Exceto que isso, ponto de laço, dizíamos, arrisca pôr no lugar das cosmogonias ou das religiões antigas as formas mais manejáveis propostas pelas lembranças históricas, as geografias comuns ou as raças. Aqui, nada assim: o que se refere ao imaginário é reduzido à sua nudez, já que nada de representável vale a não ser acrescentado ao puro e simples suporte material da unidade, em outras palavras, um corpo falante. Daí, e daí somente, devem nascer os únicos laços admissíveis em direito: o que só pode ser feito se tudo se autorizar pelo Um simbólico, do qual o indivíduo imaginário se torna, por seu próprio descarnamento, o lugar-tenente adequado.

Assim, só pela força da sinonímia é que o discurso deve passar do Um simbólico que separa ao Um imaginário que homogeneíza e puxar um Mesmo imaginarizável – digamos a igualdade – de um Mesmo desligado de toda propriedade – digamos a universalidade. O fato de que nenhuma outra força seja requerida, nem Deus nem Mestre, eis o que qualifica uma ordem como liberal: as liberdades formais nela são o enodamento do Um simbólico – opositivo e negativo – ao Um imaginário, paramentado de todas as unicidades representáveis e positivas. Entendemos, pois, que, todas negativas e propriamente formais, elas mesmo assim situam o lugar do indivíduo na Realidade: um corpo que se exprime, pensa, se desloca, vive e morre por si mesmo.

E, além disso, conjecturamos que, assim, se encontrou o Um de um sujeito. Entrevemos a parte aqui tomada pela emergência de uma ciência que se defina por afastar o conjunto das qualidades sensíveis e que, assim, entenda reivindicar apenas o Número e a letra, isto é, o puro distintivo do símbolo: portanto, o sujeito fica, como se diz, suturado. Nessa condição, ele não resiste muito a ser nomeado com o mesmo nome que o indivíduo e o cidadão. As Luzes dizem esse encontro, que vem da ciência, entre as demandas de desabrochamento e as liberdades políticas.

Elas ao mesmo tempo dizem a *felicidade*, que se revela, em sua forma e em sua substância, a idéia nova por excelência, já que consiste inteiramente em supor que uma nomeação real sempre é inscritível na série das representações e que é, na estrutura, sempre renovadora.

No entanto, é aí que se instalará a própria mentira, já que do que, por estrutura, só pode ser um encontro contingente uma ordem pretende doravante fazer uma instituição constante. Então a felicidade vira tapeação; o que devia se articular como uma sinonímia dos Uns propõe sob esse nome o triunfo do único Um imaginário: o indivíduo reduzido à sua sobrevivência. Tudo o que, por conseguinte, vem do Um simbólico não poderá mais servir senão para paramentar esse indivíduo e se converter em propriedades representáveis: a secura do distintivo torna-se sobriedade burguesa; o poder do Número é convertido em medida e em numerário; a instância do Nome puro torna-se assinatura de assujeitado. O Um real do sujeito também não deixa de ser adulterado, graças aos substitutos assépticos que são o Eu [*Moi*] e suas moedagens: características e particularidades. Por mais insistentes que sejam, esses apontamentos são facilmente destinados a conjuntos concebidos para esse fim: paixões, artes, literaturas a isso se prestam com muita facilidade, graças à estrutura do *estilo*, cicatriz bem curada de um desejo. A medicina, como técnica do caso, logo se torna o discurso final. Depois se constrói a figura moderna da educação: não mais a *paideia*, mas o meio de comunicação de massa, no qual tudo deve concorrer para confortar e preparar um bom indivíduo, no seio de uma boa comunidade.

Evitemos, pois, crer na sinonímia permanente e necessária. Mas evitemos também consentir em sua impossibilidade radical. Com ela nosso pensamento, como tal, seria regulamentado e a negaria absolutamente, pediria igualmente nosso próprio aniquilamento e a cessação de todo pensamento. A hipótese era que as homonímias às vezes são sinônimas: agora se revela que uma configuração imaginária aí se ordenava, configuração que evitaremos nomear Ocidente ou Europa e que, no entanto, nada mais é que isso: um mundo onde falas e condutas podem eventualmente seguir um efeito de verdade; um mundo onde a verdade pode dizer "Eu falo" e não se efetivar nem com o silêncio, nem com a ataxia.

Ali nasceram o Teatro, a História, o Amor e a Filosofia, que, importando para nós, não importam em qualquer lugar. Ali também nasceram as liberdades formais e a psicanálise, que as reclama: não por simples comodidade, mas porque elas são a representação do encontro contingente – porque o sujeito que deseja sempre se sustenta melhor na Realidade do cidadão livre em seus movimentos e em suas falas. Pouco importa, então, que demonstrem o que há de recente e de regional nesses correlatos realistas: não podemos pensar, nem falar, nem agir, sem nisso consentir. Pouco importa até que recusemos acreditar nisso: quem considerasse qualquer sinonímia realista como um sonho, sem graça ou bonito, oriundo da incansável demanda de felicidade, este mesmo deveria admitir que todo encontro, assim figurado pelo imaginário, tem o mesmo *nome* que todo encontro real, e que é esse o ponto.

Contanto, pelo menos, que do Real não resulte nenhuma política unívoca. Mas não é isso precisamente o que a homonímia implica, isto é, alíngua?

6.
Do horror e do laço

Um agregado onde não se estabeleça nenhum laço, nenhuma propriedade, nenhuma similitude ou dissimilitude, é isso o real. Entendemos que todo pensamento aqui recua, já que não pode supor o que o dispersaria. É esse o verdadeiro Gênio Maligno, cuja hipótese, vemos, é, desde já, refutada, contanto que dois pensamentos supostamente se liguem um ao outro: o *Sum* que resulta do *Cogito* importa menos que o *ergo*, ou simplesmente o branco que articula uma primeira proferição a uma segunda. Quanto aos objetos, o pensamento relativo a eles ao menos supõe o seguinte: que eles não produzam caos[1].

Mesmo assim é evidente que esse requisito não pode encontrar em si mesmo nenhuma garantia. Supondo-se que não acreditemos na metalinguagem, que não construamos, portanto, o enunciado supremo de um Deus ou de uma harmonia, nada garante a ninguém que o Caos não existe, se não que ninguém possa pensá-lo. O fato de que o Caos seja propriamente o impensável é o que permite não levá-lo nem um pouco em conta, a não ser em função de limite confirmador do Universo. Contanto, pelo menos, que possamos, por semblante, nomeá-lo.

Na verdade, a suposição de que só existe laço imaginário em si mesma não é nova. Ela não cessou de ser emitida desde o ceticismo antigo, e isso na forma que lhe é apropriada: a do insustentável. Quanto aos nomes

---

[1] Cf. Strawson, *Introduction to Logical Theory*, Oxford, 1952, pp. 261-262.

que lhe convieram, eles desenham uma lista cômoda das categorias infamantes: Caos, Mal, Nada, Sofrimento, Morte, Corrupção. É o lugar geométrico do negativo, cujo princípio de construção nada mais é que esse postulado escondido: "é bom que haja algum laço".

Em outras palavras, as categorias do Bem se inscrevem do lado de I. Reconhecemos, assim, algumas antigas oposições: é bom o que une, é mal o que divide; é bom o que aumenta o ser, uma vez que o ser é o que resiste à dispersão; é mal o que rarefaz – medindo-se a rarefação pela diminuição das relações. É bom o que assegura a sobrevivência; é mal o que atenta contra ela. Em contrapartida, contanto que a um sujeito marcado por I algo advenha do real, a representação que demonstrará isso só pode ser a integral das paixões do mal: vergonha, nojo, escândalo, terror ou piedade; todas elas desenham um lugar que pode ser nomeado *horror* e que é o entrechoque de dois anéis, repentinamente desenodados.

Com certeza existem os encontros sinonímicos, incessantemente possíveis e contingentes. Ao se efetivarem, podemos, por eles, ir para além do Bem e do Mal, libertar-nos um instante de I, ou, antes, jogar com suas exigências; suspender a perpétua demanda de representação, ou, antes, separá-la da demanda de laço. Então, a sideração do Real, para um sujeito já desligado de si mesmo, não será mais o horror, mas, por que não, o arrebatamento: alguns sustentam que aí reside a força da Arte. Fazer com que as representações sirvam para se apropriar do que as dilacera, ou porque esse dilaceramento deva não cessar de se perceber – é a hiância do Sublime –, ou, ao contrário, porque se costure, para além de toda percepção, na polida Beleza. Então, o imaginário não desapareceu, no entanto os laços estão rompidos: pois o quadro, o gesto, a cena, o retalho de escrito – a parcela de matéria, numa palavra, pela qual o arrebatamento opera –, podemos bem chamá-los obras e criar catálogos; não é verdade que, ao menos pelo ponto onde fazem obra, elas se inserem nas conexões do que subsiste e se representa. Seu modo de ser é, bem antes, o Um a menos que elas retiram das séries e o descontínuo que a elas acrescentam, nenhuma fazendo número nem com as coisas, nem com as obras, nem com ela mesma. Do fato de uma obra operar por um instante resulta exatamente o contrário de um laço: bem antes, a impossibilidade de refazer o nó da cadeia das causas e dos efeitos e concluir por uma existência de sua possibilidade. Na verdade, enquanto tal, ela nunca cessa de ser literalmente impossível, e esse impossível, de hábito falado como enigma pelas estéticas correntes, é a estampilha de um Real que, por conseguinte, advém sem que, no entanto, o imaginário cesse de se sustentar: ao mesmo tempo, o horror imposto e acarretado por toda suspensão do representável radical por sua vez se suspende e cai.

Também se diz que o Amor e o ódio produzem efeitos comparáveis: movimento da descoberta, instante da confissão do que, às vezes, se diz como sentimento partilhado, mas é bem outra coisa, aí se aliam a emergência de um Real de desejo e cintilações figuráveis. Aí, ainda, o laço se dissolve, mas não todo representável. Aí, enfim, o impossível se enoda à existência emergida. Há canalhice em não crer naqueles que falam disso, por tê-lo experimentado, da mesma forma que há burrice quando se faz como se a Arte não existisse. Mas o que nada mais é que um sonho é crer que haja aí a mínima permanência.

De resto, nem os artistas nem os amantes a reclamam. Ir para sempre para além do Bem e do Mal, tocar para sempre o Real, sem pagar o preço cobrado pelo imaginário representável, não é o que eles desejam: aí reconheceríamos bem mais o prospecto das grandes almas iconoclastas. Com efeito, podemos facilmente imaginar o que pode acontecer com o sujeito que não consentisse no imaginário: por necessidade, ele procura se desviar de tudo o que fizer imagem e semelhança – quer se trate de um retrato ou, da mesma forma, de um congênere; geralmente misantropo, não suporta ter semelhantes e se recusa ao máximo fazer espécie: só pode admitir o heroísmo em nome de um símbolo ou do sacrifício a um real errático. Poderíamos reconhecer aqui Don Juan[2] ou Alceste*, e, da mesma forma, os nobres melancólicos, cavaleiros errantes do simbólico. Basta ler em Panofsky[3],

2 As últimas palavras de Sganarelo são algo além da litania do imaginário ridicularizado e, enfim, triunfante? "Céu ofendido, leis violadas, moças seduzidas, famílias desonradas, pais ultrajados, mulheres maltratadas, maridos irritados, todo mundo está contente. Só eu é que sou infeliz": enumeração das ligações destruídas e vitória dos todos, aos quais nem mesmo falta um limite.

* Trata-se de Don Juan e de Alceste (*O misantropo*), personagens de Molière. Da mesma forma, Sganarelo é o pagem de Don Juan. (NT)

3 Mais exatamente, Klibansky, Panofsky e Saxl, *Saturn and Melancholy*, Londres, 1964.

Benjamin[4] e, mais recentemente, em Agamben[5] os textos pertinentes; veremos aí em que a melancolia recusa consentir em que haja semblante, o que lhe ordena não consentir na vida como tal, uma vez que esta última só se sustenta pelas ligações imaginárias.

Quanto ao cotidiano, ele não deixará de propor aqui a figura bárbara e ingênua de todos aqueles que, por se acreditarem muito amigos da verdade, porque, simplesmente, sonham com a dissolução dos semblantes, procuram tornar a vida de quem a isso se presta propriamente impossível.

Resta, enfim, a equanimidade. Ataraxia, ausência de temor ou de esperança, serenidade, o ponto se diz sempre como um voto: possa o imaginário esvaecer-se, possa toda demanda se apagar. Então, com efeito, a morte não é mais temida, visto que já está presente. Só que ela não é a morte real e dispersante, mas a morte fixada em significante: aquela que todo obsessivo deseja. Mas, até para este último, até para o Sábio supremo, a vida continua e o imaginário não se reduz. Só o suicídio, contanto que seja bem o Real que ele pede, e não a imaginária sobrevivência que seria garantida pelo luto e pelos lamentos de outrem, só o suicídio, contanto que venha do contentamento e não do sofrimento, só o suicídio conseguiria desenodar I, em nome de R. Mas quem dirá se tal ato alguma vez marcou data no Universo?

Em qualquer outro encontro, podemos sonhar o fim de I, mas no despertar fica claro que o imaginário e as demandas tinham perseverado. Ao mesmo tempo, persiste o horror, paixão pelo real num sujeito cheio de paixões: ele é um nó, na representação, do irrepresentável mesmo, mas um nó que sem cessar se desfaz. Quem quisesse usar aqui a linguagem topológica facilmente reconheceria que a estrutura assim construída nada mais é que a costura do espaço asférico de R sobre o espaço esférico de I. Os hábeis imediatamente nomearão o *cross-cap* e lembrarão que essa é a estrutura do objeto (*a*), e da mesma forma a da opinião verdadeira, que é o matema. A tese é, pois, que o horror como tal tem a estrutura do objeto (*a*). Ele talvez seja apenas esse objeto mesmo, na medida em que um sujeito com ele se choca, não do lado do inchaço imaginário pelo qual o objeto finge prestar-

---

[4] W. Benjamin, *Ursprung des deutschen Trauerspiels.*

[5] Giorgio Agamben, *Stanze* (trad. franc., Paris, 1981).

se ao manejo, mas do lado de sua asfericidade dilacerante. Força da fascinação mortal, aliança do horror e do desejo, que encontra seu cumprimento em tais sujeitos para quem a cintilação sedutora do objeto nada mais é que sua própria face dispersante: não simplesmente não suportar que a sociedade, o mundo, ou a humanidade subsistam, mas propriamente desejar que eles não subsistam, só reconhecer por nome de um desejo o que dispersaria todo nome, só admitir para suas demandas uma regra diferente dessa própria dispersão. Façamos como se tivéssemos dito aqui o bastante, evocando os profanadores ou o sadomasoquismo, de que sabemos que, de tanto dissolver todo laço, ele se cumpre, em última instância, na forma pura do contrato, livremente consentido e, por esse fato, paradoxal entre um escravo e um mestre.

Em contrapartida, entendemos que, para subsistir, os que não desejam a dispersão como tal procuram tratar o preço necessário. Cauterizar o horror de todo surgimento real – não nele adaptando suas paixões, mas, ao contrário, salvando o representável – é o que articula uma demanda radical: "salvar os fenômenos", diríamos, isto é, a possibilidade de que haja fenômenos. Ou ainda, depois de Aristóteles e Gide, "é preciso representar": aí jaz a força de toda representabilidade, que nada mais é que a própria fantasia. Pela extração do instante aterrorizante, a matéria da cena torna-se substância de um laço: a determinação das bordas isolantes basta, e encontramos a janela do homem dos lobos, que nada mais é que a janela de Alberti. E encontramos também o eterno teatro, com os eciclemas que lhe marcam os limites, as mansões que o dividem, a cortina que o fecha. Por conseguinte, por mais dispersante que seja a cena representada, basta que tenha sido recortada para que, por uma *catharsis* homomorfa da aristotélica, ela passe para a conta das sínteses pedidas. Assim se constrói o Mundo, como uma galeria dos Ofícios, ou como um Odeão, nos quais cada quadro, cada cena, cada réplica é intrinsecamente fantasia e reciprocamente: para além da diversidade dos temas e dos personagens, podemos aí reconhecer por tema único o Laço salvado. Exceto que, nas verdadeiras galerias e nos verdadeiros Odeões, às vezes há obras, isto é, retalhos e cintilações que constituem como encontros, deixando ver ou entender não a perpetuação do Laço, mas, ao contrário, sua suspensão: onde vemos que a obra só emerge ao se separar da fantasia e cessa de operar desde que nela volte a se colar.

Definimos, dessa forma, a função do Laço como tal, cuja primeira notação poderia ser o losango lógico, síntese de todas as variantes do que se liga, verdadeiro punção do imaginário, véu e costura da dispersão. Ao que vamos acrescentar que, se o indivíduo se estrutura facilmente por uma imagem ou por um sainete recortados, parece que os agrupamentos exigem mais: entendamos algum nome, no qual se concentra o Laço salvado, laço dos fenômenos entre si e, da mesma forma, laço dos sujeitos na medida em que se agrupam.

Então, não é mais um quadro nem uma cena que dão valor à função do Laço, mas um nome: nome sempre particular e denso em suas propriedades lexicais, mas cuja significação mesmo assim é sempre a mesma: pôr que, o que quer que advenha, em última instância, isso se liga e isso se agüenta junto, que, do radicalmente diverso, há sempre uma síntese possível e legítima. Definimos assim a Palavra-mestra, escolhendo, entre os valores infinitamente variáveis do Laço, mais os nomes do que as figuras e, entre os nomes, um único dentre eles. Ao mesmo tempo definimos os mestres que falam ou agem em nome da Palavra-mestra, cuja atividade se resume, definitivamente, em dizer, ou em redizer: instância da Voz proferidora que invencivelmente a imaginação restitui por trás do que se proferiu.

7.
As Palavras-mestras

O Ser, o Mundo, o Trabalho, a História, mas igualmente a Trifuncionalidade, a Raça, as Cosmogonias, os Mitos, são estes os nomes que, ao longo dos tempos, emitidos por alguma Voz, disseram o Laço. A diversidade deles é nada menos que a diversidade do que habitualmente batizamos de culturas, a menos que sejam sistemas ou visões do mundo. Com efeito, acreditar que a função do Laço seja sempre definida é, com certeza, a suposição mínima que autoriza os sujeitos a se sustentar agrupados, mas, ao concordar quanto ao valor da função, fizemos um pouco mais: conferimos ao agrupamento uma consistência dizível.

A crença comum é que tudo na Palavra-mestra depende de seu referente: é por ser tal ou tal, dizemos, que o nome que o designa tem os efeitos que tem. No entanto, as propriedades do referente, desse ser sucessivamente designado pelos nomes de Ser, de Mundo, de Sociedade, de História ou tantos outros, são apenas, bem consideradas, as propriedades imutáveis da própria função. Situado num ponto ideal para onde, como nos quadros clássicos, todas as linhas convergem, ele funda, seja qual for a sua particularidade, a subsistência e a representação de tudo o que subsiste e se representa. A partir dele, tudo se ordena portanto, mas também é só ele que permite pôr os todos. *Ens originarium, ens summum, ens entium*; o nome de um tal referente só pode se colocar como nome dos nomes, nome derradeiro, nome decisivo: de modo que a Palavra-mestra é tanto a Última Palavra quanto a Primeira, aquela que, originando todas as cadeias de enunciados, também marca, assim que é proferida, que é inútil proferir algo mais. Aqui é o lugar de todas as últimas instâncias cujo registro alguns modernos só fizeram tematizar mais abertamente: como se espantar que tenham assim obtido que todas as bocas se fechem?

Porém os mais hábeis reconheceram que nada ali vem das propriedades distintivas do referente. Por isso relacionaram tudo apenas ao nome: é o momento do nominalismo, ao que com freqüência se inclinaram os que tomaram por objeto as culturas – entendamos os conjuntos de enunciados. É verdade que, retendo a Palavra-mestra, vemos dispor-se à sua frente, com uma elegância sem igual, todas as linhas do quadro: textos e documentos figurados, cuja infinidade desafiava a erudição, embora a autorizasse, mudam de repente de cardinalidade e passam do contínuo ao enumerável, que, por si só, permite os tratados cultos. Compreendemos que certos historiadores tenham, com as Palavras-mestras, situado seu domínio: *imaginal, transcendental particular*[1], tais termos parecem visar um enodamento entre a função do Laço e um de seus argumentos – a primeira, necessária, uma vez que não pode cessar de ser definida sem que, ao mesmo tempo, se disperse tudo o que era objeto, e o segundo, empírico e contingente, uma vez que poderia sempre ser outro: ou seja, a Palavra-mestra, variável, mas única para um conjunto dado de enunciados; particular, mas portadora das propriedades repetidas da função do Laço.

É verdade que nós, Ocidentais modernos, acreditamos poder escapar facilmente das Palavras-mestras: pelo ceticismo, amargo ou sorridente, e por uma filologia exigente. De resto, numa sociedade que se quer leiga e liberal, o espírito crítico não conhece limite algum e não pode recuar diante de palavra alguma. No entanto, esse movimento mesmo tem sua própria Palavra-mestra: quando tudo cedeu, ela ainda nos rege e, por essa única razão, não a percebemos mais como um simples nome, mas como o que, por definição, tem mais força que qualquer nome possível. Esse além dos nomes, definido justamente por ser mais que um nome, deve, no entanto, ser nomeado: trata-se, bem entendido, da Realidade.

---

[1] O termo *imaginal* vem de Henry Corbin; o termo *transcendental particular* vem de Guy Lardreau, comentando Corbin: "A história como noite de Walpurgis", *L'Herne* (39), p. 115.

Para nós, isso é que é originário, derradeiro, onivalente. Mesmo que seja preciso, para nela se agarrar, ser esperto com os termos, falar de Realidade superior, ou de Realidade *secundum quid*, ou de Realidade num sentido inaudito, pouco importa: é preciso que o ser que teremos dito *ens originarium, ens summum, ens entium* seja igualmente *ens realissimum*, sem que nada seja designado, pelo nome de Realidade, a não ser a segurança, sem outra garantia além desse nome mesmo, de que é ligado: por isso é que podemos afirmar que a Realidade, por estrutura, é fantasmática, já que, como a fantasia, ela é valor do Laço.

Mas, simultaneamente, ela se reveste de outras propriedades, pois, por ser nossa Palavra-mestra, ela deve dar corpo a nossas crenças incansáveis: a sistemática sinonímia dos Uns e a possibilidade derradeira de dominar os homônimos. Assim, a Realidade é logo esse fora-de-língua, por onde os homônimos devem se descobrir separados e por onde, correlativamente, os Uns se equivalem: por isso ela se constrói como o que não é nenhuma língua e como o limite vizinho deles, o que só se concebe por um dualismo: a Realidade, separada de toda palavra, torna-se, pelo mesmo movimento, a *referência*. Mas, em contrapartida, graças à sinonímia postulada, ela é sempre dizível. Portanto, ela faz com que se sonhe com a possibilidade de apagar a exterioridade do fora-de-língua na língua, sem que, no entanto, nada fique perdido de lado algum. Pois, pela sinonímia, a circulação é permitida em todo sentido: toda floculação de real tem seu correlato de realidade representável e de nome distinto; o Laço sempre se faz igualmente distintivo, já que pode responder pelo Um simbólico e se coloca como Discriminador. Reciprocamente, ele permite a transposição em propriedades de todo discernimento e, assim, autoriza a validação das descrições adequadas como saberes. Assim, a Realidade é a um só tempo homogeneizante e distinguidora, designando ao que é preciso doravante nomear uma coisa seus traços, seu lugar e seu nome – não sem reivindicar, ao mesmo tempo, um estatuto de real. O que é a coalescência do Laço e do Discriminador, no ponto da Dispersão radical: eis definido o que se deve chamar de realismo ocidental, que, supondo que os Uns são sinônimos, exige que todo real seja figurável, mas também, para que alguma determinação figurada valha, que se possa supor que ela tocou um real. De Platão a Copérnico, seu brasão é o Sol, que, *ratio essendi* e *ratio cognoscendi*, faz ser por seu fogo nutriente e conhecer, por sua luz.

Entendemos que nossa Palavra-mestra é polivalente e que a autoridade que ela funda toma formas múltiplas: ora é de S que a autoridade parece proceder, e a Palavra-mestra se faz Discriminadora; ora é de I, e ela se fará Laço; ora é de R, e é o momento do desconcertante, careta da dispersão verídica, a não ser que seja a intrusão da própria dispersão.

O mesmo acontece com aqueles que falam em nome da Palavra-mestra e são dela as encarnações vistosas, contraditórias e com freqüência quiméricas: por isso o nome *mestre* é tomado em vários sentidos, da mesma forma que o nome *autoridade*. Tanto que a sinonímia e a homonímia combinadas se efetivam em polissemia.

Entretanto, com certeza a Realidade é uma palavra bem grande para que a manejem. Por isso procuramos colocar em seu lugar nomes mais estreitos que, na extensão indefinida das coisas e das propriedades, no *omnitudo realitatis*, isolam a propriedade ou a coisa decisivas: as que concentram o atributo essencial e que, em qualquer determinação que seja, conferem seu grau de Realidade, isto é, seu valor. Assim, como numa hierarquia descendente dos tipos, encaixam-se Palavras-mestras cada vez mais especificadas. E diremos que a Realidade é política, ou econômica, ou físico-química, ou outra coisa, o que determina visões do mundo de mesma etiqueta. De resto, cada uma dessas palavras também pulveriza, tanto que a eminência do político (ou do econômico, ou do físico-químico, ou de outra coisa) se encarnará em enunciados, talvez até em ícones – diversos. Em qualquer hipótese, trata-se de deixar ver e assegurar que o que vemos é um mundo: só muda a tonalidade.

Cada uma dessas Palavras-mestras específicas conta na medida exata em que pode ser considerada um equivalente da Realidade em sua inteireza. Ora, para isso nenhuma basta por si mesma; é requerido um suplemento, o assentimento – engajamento ou fé. Sem esse suplemento, toda Palavra-mestra só pode parecer irremediavelmente parcial: abre-se, então, um campo ilimitado e sem leis, pois o assentimento vem do desejo, que não se deixa calcular. Por isso as visões realistas do mundo são múltiplas, e nenhuma pode valer para todos: assim, por não ligar universalmente, cada uma só poderá ligar conjuntos delimitados – digamos, seitas. Correlativamente, os mestres realistas são legião, múltiplas vozes que dizem as múltiplas Palavras-mestras.

Pois, como entrevemos facilmente, só um Deus poderia dizer o *omnitudo*, não sem que sejam suscitadas as chicanas do Todo e as dificuldades que acarretaria um nomeante exterior para o que se define por não ter exterior. Mas, contanto que a Palavra-mestra seja parcial, fica fácil demais relacioná-la a uma voz particular: indivíduo ou instância que a profere, mítica ou não, histórica ou não. Essa voz é, com toda conseqüência, considerada a de um Mestre, o qual não tem outra substância: *autos epha*, é esta a sua determinação, necessária e suficiente. Ele será mestre político, ou econômico, ou científico, ou outro, conforme a qualificação da visão do mundo. Será dirigente, ou escritor, ou herói, ou tudo o que quisermos, conforme as conjunturas e as demandas. E será dimensionado relativamente à força da palavra que proferir, talvez até do agrupamento que suscitar.

Há, pois, grandes e pequenos mestres, como há grandes e pequenos agrupamentos, grandes e pequenas Palavras-mestras. E, na descida dos tipos involutivos, é tentador demais ir direto ao mais baixo, para lá avistar a verdade de todos os outros. É o momento da sátira e do desprezo, o qual é estrutural. Pois é patente que a partir de uma Palavra-mestra validada qualquer outra só pode parecer ter perdido o essencial e atestar a radical insuficiência daqueles que a reivindicam. Ora, pelas leis conhecidas da reciprocidade, é com uma incessante circulação que estamos então confrontados: toda Palavra-mestra validada é imediatamente, em algum lugar, insuficiente e desprezada. Acabamos facilmente por sustentar que, em sua pequenez insuperável, elas se equivalem.

Só há, pois, aos olhos da sátira, pequenas palavras-mestras e pequenos mestres. Essas palavras e esses mestres, múltiplos, efêmeros, caprichosos, com certeza asseguram, como convém, que o Laço se mantém, mas esse Laço se reduz à risível solidariedade de uma corja. Eles garantem a representação, mas agora basta representar aos olhos dos camaradas. Eles sustentam um Mundo, uma Sociedade, uma História, mas esses nomes devem ser entendidos como pequeno mundo, pequenas sociedades, pequenas histórias. A partir da multiplicação de seitas, escolas e salões, fica bem fácil reduzir tudo o que se diz ou se faz ao Dicionário dos nomes que fizeram uma moda: de onde nasce a figura dos Saumaise, ou, o que não é muito diferente, dos Sainte-Beuve: naturalista que classifica as espécies de acordo com as palavras de que elas se nutrem e que as distinguem.

É nesse momento que costumamos falar de intelectuais, como falamos de pernaltas ou de herbívoros e como se a sátira não pudesse ser exercida, no mesmo registro, em relação aos politiqueiros, medicastros ou birosqueiros. Só que um desprezo especial parece alcançar, entre os funcionários do Laço, os que parecem cuidar apenas de palavras. Esse desprezo é facilmente explicável, num mundo ordenado pela Realidade: pelo dualismo que o estrutura, de fato todo nome sempre pode ser considerado, como tal, e sejam quais forem suas propriedades lexicais, como necessariamente inválido em relação ao que, exclusivamente, deve contar: a Realidade, entendida como a Referência em si mesma. A imbecilidade é que não vemos que essa Realidade e essa Referência não têm outra estrutura senão os próprios nomes: Palavras-mestras como as outras, elas reclamam, como as outras, uma crença, e esta sempre pode ser recusada a elas.

Mas talvez seja preciso, para disso se dar conta, suspender por um instante os poderes da Realidade, isto é, por um instante cessar de se autorizar por qualquer Palavra-mestra que seja para só se autorizar por si mesmo. Ora, poucos são capazes disso, e sobretudo não o são os verbalizadores, cuja substância, afinal, é feita de palavras. Por isso eles mesmos partilham o desprezo com que os consideramos, possivelmente a ele se subtraindo individualmente mediante um aparelho de desculpas e de esquivas: que os outros sejam abandonados à sua indignidade, seja, mas que eu, pelo menos, seja disso excetuado, já que, diferentemente de todos, a palavra que pronuncio merece ser contada como um nome adequado da Realidade, ou, o que dá no mesmo e, de resto, é mais elegante, de sua propriedade decisiva.

Assim, semelhantes a animais devoradores, os mestres ou candidatos-mestres procuram fracionar a Palavra-mestra e dela tomar o retalho mais sangrento. Cães de guarda, animais intelectuais, vacas sagradas, macacos cultos, mas também, por que não, ratos e víboras, lobos e cordeiros, porcos letrados, o vocabulário da animalidade é aqui recorrente[2]. E não sem motivo: com efeito, a sátira simplesmente visa a própria linguagem. Todo enun-

---

2 Pensamos nos porcos de *A revolução dos bichos*. A Orwell podemos, de resto, acrescentar os latinos: *sus Minervam docet*, diziam eles, o que deve ser entendido: "o porco se erige em mestre de Minerva". Assim se resumiria facilmente o que vemos hoje todos os dias: "Ao porco completo" não é um brasão apropriado para tantos foliculários?

ciado que se profere se autoriza por uma Palavra-mestra e, se toda Palavra-mestra for desvalorizada, nenhum enunciado será válido. Esse desprezo, que articulava entre si todos os conjuntos dizíveis, estende-se, então, a tudo o que se diz, ou, antes, ao fato mesmo de que o digamos: é o ser falante, como falante, que é atingido. É supérfluo e risível dizer o que quer que seja, diz a sátira, de onde vem que, em qualquer circunstância, agimos sempre como animal mudo.

No entanto, a sátira permanece sempre curta. Pois, por mais risíveis que sejam, tão persuadidos quanto eles mesmos estejam de sua própria animalidade, os mestres, tagarelas ou não, sempre podem contar em suas fileiras com aquele ou aquela, ou aqueles através de quem algum encontro acontece. Também sabemos que a sinonímia sonhada que os qualifica às vezes é real. Por isso é que se deve tomar cuidado com a chacota, sempre disposta a insinuar que todos os mestres são pequenos, que todas as palavras são vãs e que a verdade não existe.

Da mesma forma que certa cenografia pode se desprender da fantasia e cessar de representar o Laço salvado, da mesma forma acontece que tal sujeito que passa (ou não passa) por um mestre profira uma palavra, antiga ou nova, com um acento de verdade. Então, por um instante, a dispersão se instala e os poderes da Palavra-mestra aparecem suspensos: o enunciado que se profere, não se autorizando mais por nenhum outro, só se autoriza por si mesmo.

Certo, o inexorável efeito das sinonímias pedidas e das homonímias sofridas fará que, por essa proferição, a palavra nova possa ser, no segundo tempo, validada como uma nova Palavra-mestra e aquele que a disser, como um novo mestre. O que não pode acontecer sem tragédia para o sujeito: mal surge um real dispersante, aquilo mesmo que o nomeava doravante agrupa e cola; o sujeito que, enquanto sujeito, o proferira e nele se inscrevera descobre-se, então, irremediavelmente amordaçado e preso nas malhas do Laço continuado: daí resulta, em alguma circunstância eterna, a necessidade das dissoluções, que repetem, ao derrubá-la, a lei de um mundo realista e sinonímico.

8.
A visão política do mundo

Quem perguntasse, na França mais que em qualquer outro lugar, em nossos pós-guerras mais do que nunca, qual é a Palavra-mestra, poderia cegar-se com a evidência? Seja qual for a proferição emitida, sempre vem um instante em que alguém, em algum lugar, convoca-a a se deixar traduzir, em última instância, em língua política. Então, a fala, diante da qual toda outra deve ceder, é aquela que, dizendo que tudo é político, na verdade está dizendo que só a política justifica que haja todos dizíveis e que eles sejam dizíveis. Reconhecemos o que é propriamente a visão política do mundo, articulando com esse único nome o ponto de onde o mundo se torna visível e de onde o que vemos toma forma de mundo.

Sabemos que nem sempre foi assim, e descrever o nascimento e a supremacia de uma palavra tão potente talvez seja a intenção de toda história recente: verdadeiras "Origens da França contemporânea", cujos fragmentos estão em Taine, mas não menos em nossa literatura romanesca, que não pára de não ter outro objeto.

Todas as culturas ocidentais são realistas – e talvez sejam as únicas a sê-lo. Mas nem todas dão à Realidade suprema o nome de política: sabemos que a Ciência, ou a Técnica, ou a Saúde, ou o Mercado são, em alguns lugares, substitutos admitidos. Vem daí a impossibilidade das traduções, e estranhezas ainda mais fortes na medida em que aparecem entre objetos e termos familiares. Os interessados não terão dificuldade em reconhecer aqui o que propõem as múltiplas Califórnias do mundo ocidental: deixo a eles o cuidado de declinar com mais exatidão as diversas Palavras-mestras e articular seus traços.

Adotar a visão política do mundo é, primeiramente, autorizar-se a usar a palavra *política*. É verdade que não é geralmente o substantivo (*a política*) que supostamente deve convir: julgado estreito demais para suportar as funções da Palavra-mestra, definido demais talvez, ele é facilmente recusado em proveito do adjetivo, tão mais geral e mais dócil: simples aplicação da lei de Humpty Dumpty[1], que não afeta a essencial insistência de um significante. As coisas, portanto, parecem ter propriedades políticas por si mesmas; estas, corretamente estabelecidas, são captadas num julgamento político adequado, o qual autoriza uma decisão política oportuna. E voltamos a Aristóteles e a sua doutrina do julgamento e da decisão, de brilho novo graças a locuções mais bem aceitas como *análise política* e *vontade política*. Nessas condições, temos efetivamente um mundo representável e manejável.

Mas a visão diz mais: ela diz também que *toda* propriedade, *todo* julgamento, *toda* decisão derivam do ideal ou convergem para o ponto que distinguimos pelo que até o momento só é a ocorrência multiplicada de um adjetivo e que podemos resumir num nome: o (ou a) Político(a).

Mas ainda seria preciso saber o que é dito quando a Palavra-mestra é solta. Evidentemente, aqueles que a reivindicam não têm nenhuma preocupação com isso: a virtude decisiva de uma palavra não reside justamente no fato de ela não estar ligada a nenhum semantismo particular? Não ficaria ela, em compensação, radicalmente enfraquecida se alguma definição pudesse ser articulada? Por isso, o significante *político(a)*, pelo menos na medida em que faz alusão ao segredo de um mundo, será ainda mais eficaz porquanto estará mais próximo de um *flatus vocis*. Não é possível, no entanto, que, mesmo então, o funcionamento do significante esteja inteiramente disjunto do que está nas conversas; ora, um ponto está assegurado: o (ou a) político(a) desenha um lugar, ou, antes, aponta um fato bruto: que os sujeitos podem ser agrupados por um retalho de língua. Por isso é que só há política para os seres falantes. Quanto à visão política do mundo, ela consiste num único axioma: não há além dos agrupamentos e eles sozinhos constituem o alfabeto em que se escreve qualquer laço social.

---

1 A lei se enuncia assim: "Adjectives you can do anything with".

Daí resultam o recobrimento constante dos agrupamentos e dos discursos e o fato de o discurso dos agrupamentos dar a chave final de todos os outros. Daí resulta, por recíproca, que de um agrupamento qualquer nada poderemos dizer que valha, senão do ponto em que ele faz laço social. Daí resulta, enfim, que o próprio sujeito só se coloca agrupado e que ele nunca se encontra na forma do indivíduo isolado. Pensemos nas sociedades, nas classes, nos povos, nas plebes, nas comunidades, isso importa pouco: em qualquer circunstância, a questão decisiva permanece a do bom e do mau agrupamento e é a mesma que a questão do bom e do mau Laço. Tudo o que permanece aquém está em falta e tudo o que vai além é ilusório.

Doravante, a palavra *político(a)* funcionará como uma instrução e uma chave: cada vez que for pronunciada, encontrar e avaliar o agrupamento pertinente; cada vez que indivíduos se agruparem, afirmar que é em nome dela. Para os que nomeiam *Estado* o agrupamento supremo, a política é, pois, coextensiva à questão do Estado, mas existem os que preferem reter como únicos válidos outros agrupamentos menores ou maiores ou mais diretos ou sei lá o quê. Família, humanidade, aldeia, etc. Diz-se, então, que os maus agrupamentos (freqüentemente, o Estado) na verdade separam e só podem dar lugar a uma falsa política; em vez desta última, preferimos a verdadeira: aquela que trata dos agrupamentos autênticos (freqüentemente reconhecíveis por não funcionarem nunca). De resto, o próprio significante *político(a)* às vezes desaparece. Basta, para que a visão do mesmo nome se exerça, que nos obriguemos a não mais abordar qualquer objeto que seja a não ser pelo lado onde ele levanta a questão dos agrupamentos. Então, efetivamente, toda conduta, tudo o que é dito se torna literalmente assunto de Estado: por mais fútil que possa parecer aos olhos não prevenidos, um objeto qualquer suscitará os nomes mais pesados: ditadura, democracia, liberdades, revoluções serão mencionados ali onde não têm o que fazer, com freqüência servindo apenas parar nomear a mais abjeta ausência de todo pensamento.

Seja como for, poderemos construir uma rede de propriedades que permitirá, em qualquer circunstância, desembaraçar o novelo: determinamos, por engajamento e assentimento, o que são os bons e os maus agrupamentos; depois classificamos todo dito ou todo gesto conforme ele reforçar ou enfraquecer o agrupamento considerado – bom ou mau; as coisas não são supostas tão diversas que não possam, por combinação de critérios, receber assim propriedades suficientes: quadro semelhante em seu princípio ao de Mendeleev, do qual a História – *Geschichte* – atualiza, um dia ou outro, as casas previstas. Entrevemos que os critérios da coesão reforçada ou enfraquecida e os do bom e do mau agrupamento não decorrem de nenhum critério superior: isso é evidente, já que não há nada além dos agrupamentos. Por conseguinte, a exatidão dos dados, a propriedade dos termos, a eficácia das medidas, tudo isso é acessório: "Qual é, a seus olhos, o bom agrupamento?" e "Você o reforça?", são estas as únicas questões importantes, resumidas usualmente em "De que lado você está?", "Escolher seu campo", etc. Sobre esse fundo, saberemos absolver ou condenar, sem apelação.

A quem protestar, com efeito, e a quem quiser ressaltar que há aí alguma brutalidade, objetar-lhe-emos que ele esquece a política (ou a luta de classes, ou o desemprego, ou a criança do Templo, ou a Mãe Angélica, conforme o ícone particular): objeção triunfante por definição e que impõe o silêncio. Talvez o marxismo tenha em muito emprestado a sua linguagem a tais procedimentos, assim como as instituições que o reivindicaram. Entende-se. Um discurso que sustenta que nada acontece a não ser pelas classes e por suas relações – chamadas *luta* – não está se apropriando de uma visão em que a Realidade em sua inteireza é apreendida pelo viés exclusivo dos agrupamentos? Mas o marxismo não é o único a ter desempenhado esse papel, e nem mesmo é seguro que esse papel lhe convenha: não seria Marx, por acaso, o dissolvente de toda visão do mundo?

Pois há muitas maneiras de falar política e, ao contrário do que ela crê e quer fazer crer, a visão política não detém nem privilégio, nem monopólio. Há também os especialistas: fizeram da política uma arte dos agrupamentos, reduzida a regras, talvez até a leis. Os atenienses os nomeavam demagogos, e os modernos, politiqueiros: em todo caso, eles sabem agrupar, graças a procedimentos conhecidos e a palavras comuns. Existem outros sujeitos, capazes de forjar locuções inéditas, capazes até de agrupar dividindo, capazes, enfim, de construir um Laço pela agitação. Quando conseguem, costumamos considerá-los como os verdadeiros políticos e facilmente nos convencemos de que são superiores aos precedentes: o ponto é que, para poder efetivar seus efeitos, tão semelhantes a efeitos de verdade que, com certeza, nada são além disso, é preciso que, por um nome político, eles tenham realmente nomeado seu desejo.

Ora, sejam quais forem uns e outros, é neles que a visão política entende encontrar seus mestres – professores e dirigentes, ao mesmo tempo –, já que, pela voz deles, ela entende proferir as palavras decisivas, as que dão forma audível ao Político. Em suma, é deles e só deles que ela suporta aprender o que ela própria diz, quando, em relação a um termo qualquer, ela afirma ou nega que ele seja político. Ora, a contradição explode: nenhum desses mestres pode fazer da política uma visão do mundo. Justamente por dela terem feito uma técnica especializada, os primeiros não podem crer que ela seja tudo. Justamente por terem nomeado seu desejo, os segundos não podem crer que ela seja um valor do Laço. Mais radicalmente ainda, nem uns nem outros podem crer que não há além dos agrupamentos, e a política, para eles, é precisamente o nome de um tal além: interesse bem compreendido para alguns, desejo para outros. De resto, eles não crêem que a política deixe ver mundo algum: espontaneamente borromeanos, eles sustentam que nenhuma propriedade precede o gesto ou o enunciado que desenoda e que, ao contrário, as propriedades sempre vêm depois, por retroação. De modo que em política não se trata para eles de ver, mas de cegar-se o bastante para resolver: falam de "faro", de "espírito de decisão", de "golpe de gênio", mas, assim fazendo, não dizem nada a não ser a pressa e a certeza antecipada.

Uma distância mortal separa, então, a política que estrutura uma visão do mundo e a política que interessa politiqueiros e homens políticos, agrupadores e agitadores. A visão do mundo às vezes sabe disso, mas nunca leva em conta: importa-lhe demais que a política que a anima seja justamente aquela que um mestre – aquele que ela escolheu – promove. Mesmo assim foram necessárias palavras para dizer esse sistema de afastamento, arriscando pensá-lo variável, talvez até em via de desaparecer: vamos então falar de cinismo – distância máxima – e de pureza – distância nula.

Contanto que suas exigências sejam altas, a visão política acaba por só descobrir cinismo entre aqueles que se propõem como mestres. No entanto, deve haver um: é preciso, pois, que seja um ser que escape às figuras individuadas. Então, dizemos o Povo, a Plebe, a Nação, a Classe (operária ou não), Billancourt, todos esses nomes que validam ainda melhor a Palavra-mestra porquanto designam em si mesmos algum agrupamento. Basta articular um com o acento desejado para assegurar os que assim desejam de que de fato há no mundo ao menos um bom agrupamento: aquele que nomeamos. Só desse agrupamento a palavra *político(a)* (o adjetivo, mais que o substantivo) tirará sua legitimidade: de uma instância, portanto, em que, por estrutura, não há nem politiqueiros, nem homens políticos.

Mas a visão do mundo não pode fazer com que o Povo, a Plebe, a Nação, a Classe, Billancourt não falem com uma voz confusa. Ela não pode fazer com que, no campo dos agrupamentos, as únicas vozes que se deixem perceber não venham justamente de bocas individuadas. Ela não pode fazer, em suma, com que a significação da palavra *político(a)* não seja indicada para todos pelos mestres que ela recusa. Ela se condena, portanto, a empregar sempre a palavra que a determina de uma maneira que ninguém pode compreender: ali onde todos consentiriam em falar de política, ela recusará fazê-lo e só se permitirá o emprego da palavra em circunstâncias em que a todos ela parecerá imprópria ou deslocada. O que nomeamos *análise* (*política*) se resume, enfim, a um puro deslocamento léxico: o essencial é a dissolução dos laços da linguagem cotidiana. Entendemos que sejam seduzidos, entre todos, os inteligentes e os cultos, obstinados decifradores de mensagens.

A dificuldade é que, ao mesmo tempo, dissolvemos os laços do agrupamento e, pouco a pouco, encontramos a derradeira inversão: aqueles que sustentavam com tanta força que não há nada além dos agrupamentos acabam sendo os únicos a repetir, sob forma de encantação, as falas que, a seus próprios olhos, só valiam na medida em que agrupavam. A pureza que eles atribuem a si mesmos, já que não podem atribuí-la a outros, talvez console alguns, em todo ponto semelhantes aos devotos que nunca se sentem tão certos da Igreja senão diante de naves desertas, talvez até por duas ou três velhas a resmungar as litanias marianas. Reuniões catastróficas, textos calamitosos, declarações enroladas, não é apesar da insuficiência, mas por ela que se diz, então, a Palavra-mestra, com uma voz ainda mais forte porquanto deve triunfar sobre todas as evidências sensíveis: negar mais incansavelmente aquilo que é a fim de mais luminosamente explicar o que não é.

Mas nem todos se satisfazem com isso. Ainda bem que, para esses descontentes, a realização extrema nem sempre é certa e existem termos médios: agrupamentos parciais, grupos, células ou partidos que fazem alusão ao que deveriam ser os agrupamentos verdadeiros, pelo menos se o mundo fosse diferente do que é. Por esses retransmissores, enuncia-se uma promessa e opera-se uma mediação: já que são parciais, permitem que se salvaguarde a especialização e a significação usual da palavra *político(a)*; já que estão suficientemente depurados (aliás, há procedimentos para se assegurar disso), autorizam que essa palavra mesma funcione como Palavra-mestra. Por isso é preciso que haja um interior e um exterior desses grupos intercessores que os limitem, uma coesão formulável em termos de pureza (e, portanto, de depuração), uma organização articulada em termos de especialidade e de competência: em outras palavras, uma combinação na qual profissionalismo e pureza se corrompam mutuamente, o que implica dirigentes para discriminar e equilibrar – preferivelmente contra toda expectativa – a parte que cabe a cada componente[2].

Nessas condições, a visão política pode ser ouvida na linguagem cotidiana e, correlativamente, ela pode ouvir a voz de um mestre sem ficar imediatamente decepcionada. O melhor é que este seja justamente um dirigente, a um só tempo competente e puro, que encarne a anulação da distância que separa a política visionária e a política especializada. Por definição, ele é excepcional, uma vez que a distância que ele anula é tão manifestamente prevalente em outra parte. Além disso, sua eficácia em geral é precária: ela dura o tempo de não sabermos muito.

Porém Deus sabe se a visão política é conciliadora. Sua atividade maior consiste até em forjar-se os meios de manter-se, sejam quais forem as aparências contrárias. Derrubando estritamente as epistemologias falsificadoras, ela há muito tempo definiu operadores de desfalsificação, que permitem lançar o que acontece de novo na conta do Bem, isto é, por seu próprio

---

[2] Assim, o subordinado está assegurado de nunca lá se encontrar. Ao fundar sua ação no princípio de pureza, ele descobre *après coup* – pois é sempre *après coup* – que se esperava dele que agisse como profissional. E inversamente. Cada um é, pois, sucessivamente, e desde o instante em que funcionou, inadequado: peça leve ou pesada demais que uma série de pesagens saberá descobrir. É a fonte da suspeita que cimenta as organizações e as hierarquias: ela só cessa naquele que não está subordinado a ninguém e, por isso, se coloca como discriminador supremo.

reforço[3]. A fórmula é fácil: trata-se apenas de submeter o que percebemos, o que sabemos, o que é ao que ninguém percebe, ao que ninguém sabe, ao que não é. O afastamento geográfico, a indeterminação temporal, a incerteza do conceito e, no fim das contas, a ignorância obstinada são aqui socorros bem úteis. Graças a eles, o próximo poderá ser corrigido pelo longínquo, o curto prazo pelo longo prazo, o tático pelo estratégico, o presente pelo futuro, o militar pelo político, o visível pelo invisível. Como, em geral, cabe a um mestre nomeável dar forma e conteúdo a esses horizontes que, por estrutura, não estão presentes, a operação acaba sempre aquiescendo às frases magistrais. Por isso a intervenção decisiva dos inversores tem por lugar a questão do próprio mestre.

Começa então a caça mística aos ajustes. Se o dirigente supremo não sustentar a prova, vamos nos voltar para os subordinados, que supostamente são puros e honestos. Se os quadros intermediários por sua vez faltarem, ficam os soldadinhos: do partido que sempre se enganou salvaremos os militantes irrepreensíveis. Ora, é preciso tomar cuidado com isso: sob os traços humildes e sofredores de tal ou tal que soube obedecer sem murmúrio e cujas virtudes mudas compensam tantas faltas ou crimes é ainda um mestre que se descobre: como sua obediência está ali apenas para requerer a dos outros, ele se propõe como a forma mais insidiosa, a única que permanece eficaz quando todo o resto se dobrou, Autoridade sem frases. De resto, essas próprias espertezas costumam ser supérfluas: como o essencial é agarrar-se às conexões, podemos igualmente percorrê-las em sentido inverso: condenar os subordinados, que vemos, para excetuar o dirigente supremo,

---

[3] A simetria inversa não é devida ao acaso. Segundo suas próprias declarações, Popper construiu sua epistemologia falsificadora com o único fim de estabelecer uma demarcação entre a ciência e o discurso político – na oportunidade, o marxismo, posto a serviço de uma visão do mundo. Tratava-se, portanto, de mostrar que a primeira é justamente o que não é o segundo. Poderíamos acrescentar o seguinte, que completa a reversibilidade: a visão política não é apenas não falsificável; ela só o é por operadores especialmente destinados a inverter em confirmação qualquer ocorrência aparentemente falsificadora.

Notaremos que Popper alinha a psicanálise freudiana no marxismo politizado. Puro e simples preconceito: é bem evidente, ao contrário, que Freud é uma ilustração da epistemologia falsificadora. Ver, entre outros exemplos, a introdução de um além do princípio de prazer a partir de uma experiência falsificadora: o *Fort-Da*.

que não vemos; exclusivamente por ele tudo se mantém, e no entanto, dizem, ele não sabe de tudo que se passa. E acrescentamos "Ah, se ele soubesse", para logo celebrar as felizes conseqüências de sua existência perpétua e desejar que viva bastante tempo, muito tempo.

Mas como agüentar diante dos efeitos de um incontornável? Resta que esses mestres excepcionais, embora sejam efetivamente mestres, não partilham a visão do mundo que por eles se sustenta. Com certeza, como o cálculo das oportunidades resulta, afinal, da arte deles, alguns às vezes não crêem poder negligenciar uma visão que agrupa tantos possíveis apoios. Em conseqüência, são obrigados, diante dos agrupamentos, a lhes prestar uma homenagem exigida. Mas, no além dos agrupamentos, que não deveria existir, mas onde, no entanto, se encontram como sujeitos, eles falam de outra maneira: ora o discurso da técnica, ora o do desejo puro. A forma é conhecida: confidências a algum próximo, papéis secretos, encontros privados. Surge, então, o que só pode ser percebido pela visão política, horrorizada, como cinismo, separação mentirosa do público e do privado, exercício solitário do poder.

Por isso a ignorância bem-aventurada de um lado e a discrição, do outro, são as condições obrigatórias do contrato de companheirismo, a que a visão política se acha reduzida, continuando a não sabê-lo (ignorância), sem que lhe digam (discrição). Enquanto esse contrato estiver valendo, nenhum dos parceiros perde o outro de vista, nem de ouvido: o mestre leva em conta a visão política, a ponto de às vezes se limitar a repeti-la e construir, por essa própria repetição, sua única especialidade confessada. Em contrapartida, a visão política deve sem descanso se agarrar aos passos dos mestres a fim de que, pelas palavras e pelos gestos deles, ela possa alimentar sua conversa e mobiliar sua memória, a fim, sobretudo, de que na mínima oportunidade ela reconstitua, na linguagem conveniente, as sínteses eternamente pedidas. O único risco que ela corre, mas que é dramático, é que tenha tomado por mestre político o indivíduo ou a instância que não o eram. Ora, vem sempre o momento em que fica claro que o mestre não entendia a política como supostamente deveria fazer: nesse instante, não se deve dizer que ele cessa de ser mestre, bem antes revela-se que ele não o fora nunca. O drama está, pois, sempre ali, e a decepção, e a certeza de que fomos enganados. Só que essa decepção é somente a imagem invertida e estritamente homotética da crença inicial na política ordenadora de tudo. Dos sujeitos que reivindicam a visão política do mundo podemos, portanto, dizer que estão reivindicando um mestre, mas, quer o encontrem ou não, é preciso acrescentar que essa mesma demanda sempre é apenas o penúltimo retransmissor do malogro.

9. A Liberdade

Pelas Palavras-mestras, tudo se dispõe em coisas estáveis e em nomes unívocos: harmoniosamente ou não, conforme – simples variação de estilo – o discurso for otimista ou pessimista. Porém a eficácia só perdura enquanto não se manifestar o dispersante de uma nomeação real. Já entrevemos que, correlativos às Palavras-mestras, também variarão os nomes que as dispersam: talvez sejam sempre apenas o dinheiro miúdo do dispersante radical, ou seja, o sujeito e seu desejo, no que eles têm de real. É, pois, sempre um Um real que é nomeado quando a verdade surge e desenoda os domínios, mas os nomes que têm efeito de verdade são, por sua vez, legião.

Através dos tempos, poderíamos citar assim nomes próprios, conceitos, crenças, demandas efêmeras e tornadas às vezes irrisórias que puderam soletrar em alguma circunstância o desejo dos sujeitos. É, afinal, tudo o que teorizavam, em seu estilo, as noções de palavra de ordem, ou até de diretiva. No entanto, parece que, para nós, hoje, eles se concentram todos num nome único, do qual os outros só podem ser uma moedagem conjuntural: concordamos em substantivar esse nome como *Liberdade*. É isso que, para modernos, supostamente dispersa o Laço supremo, em seu conceito e em suas realizações de detalhe: é isso que certas técnicas levam a que se reconheça – ou, se for o caso, a que se dissimule – por trás dos diversos *panem et circenses*, ou *Morte aos babacas*, ou *Viva Ubu* que escandem os manuais e os jornais. Mas o que encontramos, então, é que o Laço supremo, na exata medida em que é, por esse nome, alcançado, estava determinado como *político*. Pois é no campo dos agrupamentos que a Liberdade assume seus efeitos de dispersão: assim, só um discurso que aí delimitasse seu domínio poderia nomear *Liberdade* seu nome de verdade.

Por esse nome não se devem entender as liberdades formais: sabemos que elas tratam o empírico das comunidades a fim de arrumar espaços toleráveis. O domínio delas é o dos indivíduos múltiplos e dotados de propriedades sensíveis (pensamento, fala, movimentos, procriação, etc); o número delas é o das propriedades consideradas pertinentes – a lista é variável, mas com freqüência superior a um: daí o plural; o objeto delas consiste – por ter experimentado a heterogeneidade que, nos indivíduos, vem do desejo real – em torná-los compatíveis, mantendo-os simplesmente separados: assim, apesar do Real, o Laço pode se estabelecer, ainda que pelas vias de um distanciamento. Em suma, estamos aqui falando do tecido da Realidade e de liberdades articuladas em I, que não dispersam, fazem consistir todo Laço.

Sem dúvida, podemos opor às liberdades plurais e empíricas uma Liberdade transcendental, indiferente às propriedades. Por essa própria indiferença ela escapa ao múltiplo e se vota ao singular; no mesmo movimento, ela costuma se marcar com o artigo definido e com a maiúscula, significantes usuais do que faz barreira às particularidades: o que chamamos a universalidade. Por isso dizemos aqui a Liberdade, como dizemos o Homem, por estrita analogia de sintaxe e de lógica. Ora, da indiferença e da universalidade não resulta a dispersão, mas, ao contrário, um Laço; basta uma imaginarização tão sutil e transparente que ninguém a perceba: basta, na verdade, que a universalidade escavada não funcione mais apenas como a anulação do diverso empírico (variante, sabemos, do Mesmo imaginário), mas também como a denegação de todo heterogêneo real: a Liberdade, convertida em Igualdade da não-diferença e em Fratria da não-disparidade, torna-se o princípio de uma comunidade de sujeitos uns e abstratos. O Um que os estrutura é da ordem de S, disjunto de qualquer propriedade realista que seja; a Liberdade que os agrupa será legitimamente dita simbólica: vemos em que sentido ela não dispersa nenhum Laço político no lugar dos agrupamentos.

A dispersão verídica só pode vir de outro lugar. Ela requer que seja nomeada uma Outra Liberdade, aquela que reivindica R, aquela da qual qualquer Laço que seja, por mais racional que possa ser, da qual qualquer Um discernente que seja são, ambos, a negação e o limite. Quando se trata dela, não se deve dizer a Liberdade ou a Morte, mas que a Liberdade é a Morte dispersante[1]. Sua emergência, quando sujeitos dela se fazem os agentes, só pode ser aterrorizante para quem, acima de tudo, pede a sobrevivência e o laço – isto é, para quem pede. Por isso é inútil deplorar os crimes que se cometem em nome da Liberdade: por mais longe que eles a contradigam, há aí as duas faces, esférica e asférica, consistente e dilacerante, do que pode causar um desejo: a Liberdade real *é* o crime que cometemos em seu nome.

Ora, aconteceu ser dessa Liberdade e de nenhuma outra que laços fundaram sua legitimidade. Não faltam os episódios em que comunidades pretenderam enodar o Laço supremo, percebido como agrupamento, mediante o dispersante supremo: o Terror, ou pelo menos as fantasias que o episódio histórico suscitou, mas bem mais as aventuras milenaristas, anabatistas de Münster no mais recente Camboja, é isso que permite entrever as vias de um tal enodamento. No entanto, as sábias sociedades burguesas não reclamam outra fonte de legitimidade: todas tecidas de semblâncias estáveis, de sobrevivências asseguradas, de laços consistentes, elas não têm, se acreditarmos nelas, outro fundamento senão o puro instante de libertação, no qual semblâncias, sobrevivências e laços vacilam. Não afirmam elas terem nascido de uma revolução, na qual teria emergido, ainda que em um passado mítico, um desejo real a agrupar as multidões em nome da Liberdade?

Reconhecemos aí, estritamente falando, um paradoxo; nele reside o segredo da política moderna como tal: criar laço social pelo que dispersa todo laço. Tudo repousa aqui na dialética da sinonímia e da homonímia, e a linguagem política não tem outra visada a não ser tratar o paradoxo: ora declarando-o redutível, ora negando-o, ora proclamando-o. Temos, assim, as soluções comuns, que correspondem a sacrificar um termo ao outro: vemos sujeitos convocados a renunciar às liberdades formais para melhor assegurar a Liberdade real, ou, inversamente, ceder na Liberdade real para salvar os libertados representáveis. Também conhecemos políticas que reivindicaram a Liberdade simbólica – aquela cujo nome os poetas dizem es-

---

[1] Na verdade, não se deveria nem mesmo dizer *a* liberdade: o artigo definido, enquanto significante que integra, está aqui fora de propósito, já que, precisamente, a integração é impossível. Estamos no reino do ilimitado, cuja lógica foi construída por Hegel: talvez o *L͞a* barrado conviesse melhor.

crever – para justificar a opressão mais nua, ou que, inversamente, tiram do determinismo das ações o único fundamento admissível, a seus olhos, de uma sociedade realmente livre. Mas como são mais hábeis aqueles que, sem falar de sacrifício ou de troca, sabem manejar os possíveis: há os inventores de glândulas pineais, pontos de junção supostos de séries heterogêneas – centralismo democrático, ditadura do proletariado, ditadura democrática, democracia real, que importa: sempre se trata de dizer e, sobretudo, de apenas dizer a possibilidade de que o paradoxo se resolva. Já que se trata apenas da linguagem, concebemos que baste a justaposição do que nomeia os incompatíveis: felizmente, as línguas articuladas dispõem de uma sintaxe hierarquizada que permite, pelo jogo dos substantivos, adjetivos e complementos, ordenar entre si termos que, não hierarquizados, tivessem continuado a fazer paradoxo. Por isso, na resolução supostamente dialética que, tomando os nomes do que faz problema, converte-os em nomes da solução, com muita freqüência só se deve ver os poderes das árvores gramaticais.

Há também os *exempla*: o quadro de História que lembra um instante privilegiado, o relato de viagem que evoca uma região onde, felizmente, o paradoxo supostamente foi resolvido. Quadros e relatos trazem, assim, o testemunho de fato da resolução diretamente possível. Conhecemos a moedagem: o grande acontecimento (a Tomada do Palácio, a Jornada do Tant, a Morte do Tirano, a Volta do Herói); a pequena cena (conversa pegada no ar, episódio no armazém, na fila do ônibus, na plataforma da estação), a testemunha reveladora (velha camponesa anônima, jovem combatente risonho, dirigente esgotado), a experiência em curso que só tira seu valor de prova concludente por estar precisamente inacabada e sem conclusão. Diríamos de bom grado que aí funciona a própria estrutura da fantasia: pela extração do retalho de real dispersado, convertê-lo em representação de todo Laço mantido.

Há, enfim, o talismã do Novo, que permite retomar todos os nomes da tradição e anular o que eles podem atestar de impossível: basta advertir de que os estamos tomando num sentido até ali inaudito. Assim, não designaremos mais nada que não seja de um tipo novo, exceto que por esse novo deve-se somente entender a pura e simples afirmação de que, de impossível de ser resolvido o paradoxo se tornou, pela magia do adjetivo, não apenas solúvel, mas, de agora em diante, resolvido.

Em vez de querê-lo solúvel, não seria mais simples então negar o paradoxo? Em outras palavras, colocar a sinonímia absoluta. Por isso, a arte suprema é praticada facilmente: passar, sem que ninguém perceba, de uma liberdade à outra, de uma revolta real a uma revolução representável em instituições, de um sujeito desejante a um sujeito dominado. Mas é esse o próprio segredo das sociedades chamadas burguesas: já que elas não pretendem apenas garantir as liberdades, mas sustentam que só podem chegar a isso legitimamente fundando-se num advento real da Liberdade, elas se dedicam a sempre converter, tendo como alvo as imaginações unificadas, os homônimos em sinônimos. Ora, assim fazendo, elas só fazem repetir o que, desde então, as estruturava quanto ao recobrimento dos Uns: da mesma forma que os diversos Uns devem se encontrar sempre, da mesma forma toda liberdade deve ser sinônima de toda outra. Só então poderemos sustentar que uma sociedade ligada pôde nascer de uma Revolução e se fundar num instante de esvaecimento dos laços. A última palavra se articula, então, como indivíduo e sua eficácia se determina como *habilidade*: aquela que sabe fazer tomar o parecido pelo mesmo. Este é o politiqueiro da liberdade – notável republicano, dirigente sindical, animador – que não tem, antes de nosso tempo, exemplo certo e cuja arte toda consiste em manejar a menor diferença que seja entre uma demanda e um desejo.

Pois o desejo insiste, e com ele o significante da Liberdade real. Vem sempre o instante em que o que subsiste de laço, por mais infinitesimal que seja, é considerado opressão. Precisamente porque as formas vindas do liberalismo burguês puseram a nu, longe das vestimentas das cosmogonias e dos ritos, a função intrínseca do Laço, elas se chocam com o desejo mais radical, aquele que persegue o esvaecimento da própria função. É o momento da política real, esse momento em que a visão política do mundo espera, contra toda evidência, poder ater-se apenas ao dispersante. A única possibilidade é, então, proclamar o paradoxo que daí se constrói: não reduzi-lo, nem negá-lo, mas percorrê-lo incessantemente na incompatibilidade radical. Crer numa política do Real, o que é a mesma coisa que crer num discurso que não seja semblante, isso só pode ser articulado no campo dos incompossíveis: o esquerdismo em sua variabilidade indefinida, em seu obstinado não-todo, é a forma mais familiar disso. Não deve espantar ninguém que dele tenham procedido os gestos desenodantes: nem representação, nem corpos intermediários, nem saberes, nem imagens, eis o que só podia dar corpo ao que, de todo corpo político, recobrava a obscenidade. Entendemos, igualmente, que a forma de seus ditos seja a frase disjunta, slogans, palavras de ordem e pichações: a política aqui visa nomear o próprio real; por isso ela cruza sem cessar com a psicanálise, que tem a mesma visada. Isso é de estrutura, e se a política real devia dar lugar a um discurso ligado, digamos, a uma teoria, que excedesse as jaculações isoladas, seria por esse entrecruzamento que ela deveria se articular. Exceto que, com certeza, ainda seria preciso reconhecer, no que anima a heróica tentativa, o sonho recorrente de um discurso que não seja semblante.

A política real sempre fracassa, dizem os realistas. Não há aí, afinal, com o que se espantar, se entristecer ou ficar feliz: os sinais do êxito não são a permanência e o ligado, oriundos apenas do imaginário? Por isso o fracasso, aqui, diz apenas que, por não se homogeneizar ao que lhe é, por princípio, estranho, a política do Real se atém à estrutura e, portanto, não tem razão alguma para se concluir como recusada.

Nada, pois, pode prevalecer contra a certeza de que há ou deve haver uma política real senão a certeza igual de que não pode haver nenhuma: pela mesma razão de que não há metalinguagem – e de que o próprio Real não pode fundar nenhuma.

Assim, no campo político, só existem agora dispositivos do ser-compatível dos sujeitos: isto é, procedimentos imaginários. O realismo e as propriedades da conjuntura daqui por diante são a última palavra, e instala-se o que costumamos considerar indiferença política – e que o é às vezes, mas que também pode ser a certeza de que o Real, por si, está fora das comunidades, de que o único conjunto que ele conhece está estruturado pela inconsistência e pela incompossibilidade. De que Hobbes, enfim, é o instante de verdade de que toda medida, nesse campo, é um véu mais, ou menos suportável. Então, o único princípio é que os regulamentos sejam tais que não ofusquem o surgimento de um sujeito, que não sufoquem a fala que pede e não erijam a surdez como regra. Onde encontramos as liberdades formais: enodamento – a que é preciso se resignar – do Um imaginário de um corpo vivo e não-mutilado (isto é, mutilável), do Um simbólico de um nome próprio e do Um real de um desejo incomensurável. Liberalismo que deseja que a lei diga o mínimo possível de propriedades e se atenha ao mais abstrato a fim de que as particularidades imaginárias não se exponham e a fim de que os choques do real encontrem o mínimo de realidade a ser rasgada.

Homônimo do liberalismo burguês, esse liberalismo só seria sinônimo dele na pressa que teria de concluir pela inexistência de uma política do Real, pelo impossível que algo do político alguma vez toque algum real. Daí viria a propensão a servir todo dominante e a confirmar todo aparelho. Mas a conseqüência não é boa: só há política representável, isto é, imaginária. Seja. Daí vem que um além de toda demanda subsiste, além que não pode ser dito integralmente em linguagem política. Mas daí nunca vem que seja sempre algum significante dessa linguagem que faça efeito de verdade e de encontro: é, então, questão de acaso, e só nos reconhecemos aí pelas vias da certeza antecipada.

No tecido dos acontecimentos que compõem o que combinaremos chamar, num instante de semblante, a história, há, portanto, *casos*: momentos em que o desejo se articula por um nome político, no lugar dos agrupamentos. É necessário, então, que não seja pelo que ele tem de estável que um tal nome se efetive, mas, ao contrário, pelo que ele marca como desaparecendo ou ameaçado. Só a fratura o torna próprio para nomear o desejo como barrado: não, pois, uma instituição, nem uma liberdade formal, nem uma pátria, mas a eventualidade do aniquilamento delas, é isso que vai representar, no espaço do que consiste, a Liberdade que não consiste. Talvez possamos sempre distinguir entre o indefinido e o definido, entre o plural e o singular, entre uma liberdade – ou liberdades –, que seria sempre oportuno reclamar, e a Liberdade, que autoriza o pior. Poderemos até temer o que da revolta instável fará, em seu nome mesmo, Laço supostamente novo e estabilizado.

Mas é preciso saber que existem conjunturas em que não é mais tempo de prestar atenção nisso, como existem conjunturas inversas, em que não se deve nada ceder do que consiste em nome do que não pode subsistir. Aí como em outra parte, ninguém está dispensado de interpretar e de resolver, na pressa, e sem exemplos: nada mais contrário, portanto, a qualquer visão política do mundo que esses instantes em que o desejo se nomeia em linguagem política. Nada de mais contrário às lições da história que o que, uma vez passado, fará justamente episódio e quadro histórico.

10.
Os agrupamentos

Existem agrupamentos, isto é, multiplicidades que fazem Um: ora, da multiplicidade ao Um existem múltiplas passagens. Agrupar vários termos numa única classe, tomando por base uma propriedade, só pode ser feito pelas vias do Mesmo e do Outro: todos os membros da classe devem ter uma propriedade comum e passar por mesmos desse ponto de vista. Inversamente, eles devem passar por mutuamente outros uma vez que a classe não se reduz a um único membro. Enfim, seja a classe finita ou infinita, sempre é possível construir a figura, ainda que vazia, do que não tem a propriedade: ou seja, um Outro, que é o Limite necessário ao Todo. Em suma, só existem classes de I.

O momento essencial é o julgamento de atribuição, integralmente projetável num tempo linear, sem retorno nem fechamento: supomos primeiramente um *x* identificável, depois, num segundo tempo, ele é ligado a uma propriedade P, dizendo "*x* é P". Ao mesmo tempo, *x* é ligado a todos os termos que têm a propriedade – é o momento da síntese – e é oposto a qualquer outro termo que não tem a propriedade – é o momento da antítese –, de modo que o julgamento afirmativo se diferencia do julgamento negativo "*x* não é P". Presume-se que o julgamento não é circular: em outras palavras, *x* deve poder ser identificado independentemente de P e, reciprocamente, P deve poder ser colocado independentemente de sua atribuição a *x*. Apenas *x* colocado, nada deve portanto determinar se ele será dito P ou não. Em conseqüência, o julgamento leva consigo não só a possibilidade do julgamento negativo em geral, mas também a do julgamento negativo diretamente oposto, cuja exclusão, uma vez decidida, perfaz a asserção: dizemos "*x* é P", mas, ao mesmo tempo, dizemos – e apagamos – "*x* não é P". Apenas colocada a propriedade P, por outro lado, nada deve depender do dito que a liga, como atribuída, a um *x* singular. A propriedade subsiste, portanto, na realidade, independentemente do proferimento do julgamento: em outras palavras, a propriedade é definível e pode, por sua vez, tornar-se sujeito de um julgamento de atribuição, que a analisa. Daí resulta uma hierarquia do indivíduo *x* à propriedade, da propriedade à propriedade de propriedade, etc. Num mesmo movimento, obtemos assim as metalinguagens e os tipos. Pouco a pouco se constrói um mundo, aquele onde são verdadeiros o julgamento considerado e igualmente todos os julgamentos que ele supõe ou acarreta; onde são colocados a classe que ele determina assim como os limites que a delimitam. Simultaneamente, foi rejeitado todo mundo que se distinguiria desse apenas pelo traço de que *x* lá não é P: o que é a matriz do possível e do compossível.

É num tal movimento que se funda toda representação, e também a possibilidade de que ela se deixe dizer. A realidade como tal, uma vez que é coextensiva à integral do que se representa e se diz, é por inteira tecida de classes, propriedades e atribuições. Assim descobrimos a rocha sólida onde se agarra a crença realista no dizível: a suposição de que as multiplicidades se constroem pelas propriedades e de que os julgamentos de atribuição, ligando um Um a uma propriedade, podem ao mesmo tempo agrupar Uns em Uma multiplicidade Uma. Por conseguinte, o vaivém se estabelece do Um ao todos, e reciprocamente.

O que nada mais é que o *dictum de omni et nullo*, que assegura que o que se diz de todos também se diz de cada um. É digno de nota que uma tal afirmação só possa se propor como um axioma, que garante toda lógica da atribuição, mas não pode em si mesmo ser por ela garantido.

Na realidade, pois, só é permitido falar das multiplicidades na medida em que elas fazem classes, e elas só fazem classes na medida em que se fundam numa propriedade atribuível. Aristóteles é aqui o ponto aonde sempre voltamos para assegurar que só existe ciência do geral, em outras palavras, que só podemos conhecer o que constitui gênero. A tal ponto que, mesmo que nenhuma classe pudesse ser definida, sempre se poderia, em último recurso, diante de uma multiplicidade qualquer, salvar seu caráter de classe pela referência à propriedade de *ser*: propriedade de qualquer modo disponível, já que só o Nada aí faz exceção, e que do Nada não se deve falar e nada saber.

Ora, existem multiplicidades que se fundam de outro lugar. Assim, existem aquelas cujo princípio nada tem a ver com uma propriedade representável mas inteiramente com o significante que as nomeia como multiplicidades. Estas, por conseguinte, não podem preexistir ao proferimento do próprio significante; a propriedade se reduz à nomeação que fazemos e o sujeito só a recebe no instante mesmo em que se diz a ligação. Assim, se quisermos falar de classe, devemos acrescentar que ela só agrupa de maneira incessantemente movente, estando sem cessar afetada pelos ditos que se proferem. Esses próprios ditos podem se assemelhar a uma atribuição, mas isso é pura homonímia: assim acontece com aquelas proferições insultuosas, nas quais, no instante que é por elas nomeado, e nessa mesma medida, um sujeito acaba sustentando o nome que lhe endereçam: "porco", "lixo", "dejeto". Sabemos que, então, o sujeito fica convocado a trazer um nome, cujo conteúdo de propriedades se resume apenas à proferição. Quem pedisse uma definição aristotélica da propriedade designada ficaria muito embaraçado, já que a circularidade seria incontornável: só é tal aquele que nomeamos tal, e ele só o é no instante em que o nomeamos[1]. A propriedade não subsiste fora da nomeação: um Deus, ainda que onisciente, seria incapaz de fazer a enumeração da classe supostamente construída. A não ser que assuma a responsabilidade pela proferição insultuosa: afinal, certas teologias não estruturam de outro modo a danação dos predestinados.

É cômodo falar aqui de performativo ou de embreador, mas a determinação essencial fica, dessa maneira, dissimulada: pois o ponto é evidentemente que, pelo insulto, o sujeito está inscrito numa multiplicidade. Por mais longe que a sua singularidade seja como tal visada, ela só é apreendida no ponto em que ela se absorve numa multiplicidade que a apaga. Talvez, até, a única força lógica do efeito de insulto seja convocar uma singularidade a uma tal absorção. Pois a multiplicidade sempre surge, tanto que o significante, só ele, parece agrupar. Como se a fixação a um Um de S bastasse para determinar um *agrupamento*, isto é, essa multiplicidade cujos mem-

[1] Cf. J.-C. Milner, *De la syntaxe à l'interprétation*, Paris, 1978.

bros só se agrupam porque, fora de qualquer semelhança anterior, eles contam juntos como Um.

Mas o insulto é só um exemplo entre outros, mais claro com certeza, já que a língua o isola. A mesma estrutura é encontrada em outro lugar: por toda parte, na verdade, onde o sujeito consente, a fim de se enodar a S, em escolher, para o Um real e singular de seu desejo dessemelhante, o Um simbólico de um nome, o qual, de imediato, o inscreve numa multiplicidade. É o que chamamos a alienação, que, num único movimento, efetiva a assunção de um nome e a construção de uma classe que de bom grado diremos, daqui por diante, simbólica. Classe simbólica ou agrupamento são em todos os pontos semelhantes a uma classe imaginária, só que dela são radicalmente distintos: aqui, nenhuma propriedade preexiste ao nome. De fato, o pertencimento não pode ser garantido por nenhum julgamento de atribuição. Nesse procedimento, cuja gramática Newman traçara em seu tempo e que Sartre, depois de Barrès, vulgarizara sob o comando do engajamento, a dedução não tem lugar, assim como também a justificação. Ela se efetiva no instante, sob as espécies da evidência, ao passo que o sujeito se aliena e se esvazia, por esse mesmo movimento, no significante que doravante o nomeia.

Ora, poderíamos facilmente acreditar que a história não conhece nada diferente. Povos, raças, nações, classes são fundados por outra coisa que pelo próprio nome?

É francês, judeu, proletário aquele que é dito tal. Por isso aqueles que só acreditam nos representáveis costumam dizer que os nomes da história são ficções e suscitam querelas sempre inúteis; cosmopolitas e reconciliadores, eles chamam a atenção para as propriedades e as classes que elas fundam: ater-se ao representável, e assim salvar a paz. A questão, no entanto, é que ninguém nunca acredita neles por inteiro e que o real se impõe: as multiplicidades determinadas só pelos nomes têm efeitos para os seres falantes.

Ainda mais que essas multiplicidades simbólicas às vezes se realizam. Nada mais são, então, que as multidões. Sabemos que a doutrina fala de traço unário a respeito delas, confessando assim que existem afluências cujo princípio de constituição como umas é um traço cuja substância importa pouco, já que ela é apenas um valor contingente da função significante. Alienações, classes simbólicas, nomes da história: quem quisesse encontrá-los na representação acharia inevitavelmente a encenação das multidões. E não espanta que estas últimas componham, em seus movimentos, a iconografia favorita daqueles que não podem pensar além dos agrupamentos: entendamos, os detentores da visão política do mundo.

Somos tentados, então, a falar de multiplicidade pura, já que é preciso pensar que os membros da multidão, ou da classe simbólica, são vários, embora não possamos contá-los. De resto, acrescentar um, retirar um permanece sem efeito, já que só há um incluso no agrupamento: um termo cessa de valer um, contanto que o imaginemos separado do significante agrupador – seja no movimento que o agrega ou no movimento que o dispersa. O significante exerce, então, seu efeito maior de *Um*: ele é aquilo pelo que a multiplicidade chega ao Um, e, não havendo metalinguagem, aquilo que assegura que o Um da multiplicidade nada mais é que o Um de seus membros. Fazendo Um coletivamente e, distributivamente, garantindo o Um de qualquer um, ele é, na multiplicidade, o significante de que há Um. Em outras palavras, seja qual for, por outro lado, a sua forma própria, só há uma única função que podemos nomear, ser o Significante Um. Assim ele agrupa, mas não pelas vias do Mesmo imaginário: cada membro da multiplicidade é, enquanto tal, a um só tempo indistinguível de qualquer outro e não semelhante a ele. É isso a ponto de a multiplicidade poder até se combinar com a unicidade: contanto que o Significante Um se exerça, a unicidade contingente do que ele agrupa importa pouco. Por isso é que uma classe simbólica requer somente ao menos um suporte representável para se enodar à realidade.

É essa a função do Um ao menos, indício às vezes necessário, diante da dúvida, de que tal classe simbólica não perecerá, de que tal significante não cessará de agrupar. A paixão que corresponde na alma a essa função é conhecida: ela tem por nome a honra, assentimento repetido e mantido, seja qual for a configuração de realidade, a tal valor do Significante Um. Dela existem ilustrações respeitadas, mas também, às vezes, aterrorizantes. Pois o ao menos um também se atesta na forma violenta do extermínio até o último – *ad unum* – de que é tecida a história enquanto integral das classes simbólicas. É que, ao contrário do que deixam crer, as classes simbólicas não são eternas: seus membros podem se dispersar e o significante Um perder seus poderes.

Uma classe simbólica, agrupada por um significante: o que encontramos, então, será outra coisa que a Palavra-mestra como tal? Ao mesmo tempo, a pergunta vem, invencível: de onde se emite a proferição dos nomes diversos? Para isso é preciso alguma voz, com certeza, mas está claro demais que esta nada mais é que o duplo separado da própria Palavra-mestra. Para nós, realistas, é, pois, a Realidade que fala e nos nomeia, como nomeia toda coisa. Conforme ela assumir os traços de um Deus supremo, ou de uma instância mais leiga, os ditos variarão de estilo: muitos aqui falam de História – *Geschichte* –, mas é sempre uma voz vinda de não se sabe onde para julgar os vivos e os mortos; Tribunal ou Juízo Final, ela pronuncia essas decisões em que se reconhece o sujeito múltiplo: "és isto", diz ela, por elogio ou por insulto, e a História – *Historie* – consiste apenas em ouvir seu apelo para restituí-lo, através dos rastros deixados nos documentos. É esse, de resto, o lugar do que se pode chamar a experiência moderna: cada sujeito tem a narrar alguma anedota na qual, pela primeira vez, um Nome lhe foi dado, isto é, um significante que o classifica numa classe simbólica. Conhecemos esse *topos*, cujos recursos o romance explora sem fim: ele aparece intrinsecamente ligado à suposição do Julgamento, tornado hoje, cada dia de modo mais aberto, História e, daí, Política. Pois nele se repete incessantemente a proposição de que o Nome só pode dizer o sujeito como Um se agrupá-lo como múltiplo.

Mas, triste ou alegre, a própria voz não passa de um sonho. Os nomes não se proferem de um ponto que seja exterior à cadeia dos nomes, isto é, à alíngua. Os sujeitos convocados o são do interior da multiplicidade em que se contam. E encontramos a circularidade de que eram testemunhas, na ordem da língua, as proferições insultuosas: circularidade lógica primeiramente, já que o sujeito só é chamado a consentir no nome se já estiver marcado por ele. Por isso o tempo do consentimento é sempre o futuro composto ou o retrospectivo: só entra numa classe simbólica aquele que dela já era membro. A retroação é aí o conceito, cuja moedagem empírica são as conversões e as conscientizações. A circularidade também não deixa de ser espacial: se é do interior da classe que o nome se emite, então, para um dado membro, é cada um dos outros que o convoca. Como se, dispostos num círculo, eles se fizessem, sucessivamente, cada um para o outro, chamado e chamante. Enquanto persistir a certeza, a reciprocidade assim construída se conversa em solidariedade quente. Mas a incerteza sempre volta, e com ela a suspeita, reflexo invertido e homogêneo da solidariedade, cimento verdadeiro das classes simbólicas.

Não é que não possamos, num tempo segundo, encher o significante de propriedades representáveis, e o assentimento que lhe damos de razões dedutivas. Ao contrário, é o que quase sempre acontece, já que é preciso representar. Assim, a história do mundo é feita dessas tentativas de imaginarizar as classes simbólicas. Passaremos, assim, do significante a um conjunto de propriedades – físicas, no pior dos casos, históricas, no melhor; pelo fato de uma multiplicidade ser definida pelo significante, concluiremos então que cada um de seus membros deve – de direito, senão de fato – apresentar essas propriedades. O que, de resto, não significa que essas propriedades não tenham nenhuma realidade. Ao contrário, elas têm a substância da própria realidade, já que são representáveis. Isso tampouco significa que a multiplicidade seja um artefato: ela tem o real do significante que a agrupa. Isso tampouco significa que todas as imaginarizações se equivalem: mas distinguir entre elas é assunto de ética.

Conferir a um significante Um os traços figuráveis de uma realidade é a arte suprema dos agrupadores, politiqueiros ou homens políticos. Cabe a eles reconhecer os significantes que, na circunstância, agrupam – os mais habilidosos os inventam – e trocá-los por propriedades manejáveis. Entendemos que tenham por arma de princípio a retórica, na qual o significante se enoda a semblantes de significação. Enunciar o significante Um como se ele fizesse imagem, garantir em termos de propriedades o assentimento dado fora das propriedades é o ato fundamental. É verdade que pode acontecer de o agrupador apresentar a sua própria pessoa como o significante capaz de agrupar: é o momento do amor ao chefe, ao qual com tanta facilidade são reduzidos os fenômenos de massa. Então, sabemos, o bigode ou a facúndia podem igualmente resolver o assunto, a frivolidade encontra o horror e Charlus* equivale a Hitler. Mas, quase sempre, hoje ninguém intervém: constituíram-se suportes que, só pela proferição dos nomes, conseguem homogeneizar as propriedades. Reconhecemos o Diário e suas variantes multiplicadas.

* Personagem de *À procura do tempo perdido*, de Marcel Proust. (NT)

11.
As classes paradoxais

Há multiplicidades reais. Isto é, multiplicidades que não se fundam nem numa propriedade que assimile e ligue, nem num significante assentido. Inscrever-se em tal multiplicidade não é dela receber uma representabilidade qualquer, nem o Um de um nome discernidor. Quando muito podemos supor que um um de pulverulência forma acúmulo, onde a imaginação reconhecerá uma forma e à qual a língua dará um nome: assim, o real da estrela fixa se agrega em Grandes Ursas e Ursas Polares. Mas o acúmulo preexiste às formas e aos nomes, que só têm com ele, como sabemos, uma conexão de encontro. Seria preciso, para dizer mais, fazer falar as próprias estrelas e interrogá-las sobre o que é ser membro de uma constelação.

Na falta do que é, por estrutura, impossível e que o próprio Mallarmé ousou, resta o mito: assim, o relato dos três prisioneiros não tem outro fim senão dramatizar uma multiplicidade real. O observador distraído com certeza reconheceria propriedades representáveis e até perceptivas nas bolas brancas ou pretas, um laço de solidariedade na comum condição de aprisionamento. Mas é evidente que aí se trata apenas da vestimenta do relato: seu gume está em outro lugar. Com efeito, as rodelas coloridas só funcionam na medida em que nem todas são acessíveis aos prisioneiros; estes últimos só intervêm na medida em que não fazem grupo por si mesmos: o agrupamento não cria entre eles nenhuma solidariedade; muito pelo contrário, o objeto deles está numa salvação, que é a dispersão: aos olhos deles, senão aos do juiz, que, de qualquer maneira, em nada pesa no mito, eles formam um conjunto inconsistente que é impossível atualizar na simultaneidade de suas partes. Enfim, a propriedade – a cor da rodela – não preexiste, para os prisioneiros, à multiplicidade; bem antes, ela só deve consistir por retroação, no instante mesmo em que um dos três conclui com certeza.

Quanto às vias da conclusão, só aparentemente elas são dedutivas. Com efeito, trata-se de coisa bem diferente de uma seqüência contínua em que cada etapa justificaria a seguinte e seria justificada pela anterior; muito pelo contrário, o processo é feito de instantes descontínuos e de gestos suspensos. Cada passo para a vida salva é separado do precedente por uma hiância onde tudo é novamente questionado, de modo que não há mesmo nenhuma espécie de sentido, no momento em que se efetiva o passo, em distinguir um primeiro de um segundo ou de um terceiro: a marcha é um acúmulo de passos caóticos, cuja ordem e cuja finalidade só nascem *après coup*. O que, no entanto, autoriza cada um deles, isto é, cada conclusão, não seria uma relação, aquela mantida por cada prisioneiro com cada um dos outros? Ser visto e ser vidente numa reciprocidade que é a única coisa que funda a reflexividade: cada prisioneiro se vê branco ou preto pelo fato de que os três prisioneiros não cessam de se ver uns aos outros. Tanto que o mito dos três prisioneiros pareceria soletrar como drama esse trilhamento da língua francesa que é traçado pelo pronome *se*[1]. No entanto, é preciso entender que tais relações só devem trazer esse nome por cortesia: contrariamente a toda relação imaginária, elas não criam nenhuma comunidade. Ao contrário, articulam uma disjunção absoluta: a substância real da relação de cada um com cada um dos dois outros é feita disso mesmo que os dispersa: não a vida, mas o desejo de sobrevivência, que depende inteiramente, para se efetivar, do desejo de sobrevivência de cada um dos outros, mas que, efetivado, soletra a absoluta separação de cada um para ele mesmo.

Por isso, essa dispersão não é discernimento. Ela não confere a cada prisioneiro o Um do distintivo. Não é apenas aos olhos do Juiz exterior, que talvez seja apenas, afinal, uma imaginação vã dos prisioneiros, é em si mesmos que eles se supõem indistinguíveis quanto à pressa que têm de concluir, trazida pelo desejo de sobrevivência que o mito lhes supõe. Em suma, a própria instância que faz com que se assemelhem e se misturem é o que os

---

1 Sobre a teoria do pronome *se*, cf. J.-C. Milner, *Ordres et Raisons de langue*.

disjunta; isso mesmo que os disjunta é o que faz com que se refiram uns aos outros, embora não se assemelhem nem se liguem.

Ora, consideremos os nomes usados pela psicanálise. Estenogramas de um acúmulo de casos, eles parecem jogar esses casos do lado de sua comunidade de propriedades, mas, em contrapartida, supostamente apreendem, no acúmulo, aquilo justamente que faz caso, isto é, aquilo que resiste a toda comunidade. Quem diz *o neurótico, o perverso, a histérica, o obsessivo* dá a entender, sob as espécies do singular genérico, a unicidade de um sujeito, que lhe é homônimo: literalmente, ninguém pode dizer se, por esses nomes, é um gênero, ou um indivíduo, ou um arquétipo que é designado. Nessa vacilação característica, soletram-se multiplicidades, cujo modo é a dispersão e o princípio, o real de um desejo. Quem de fato vai acreditar que se trata de classes fundadas em propriedades, quem vai acreditar que os neuróticos se assemelham entre si e se opõem a um complementar? Ou, pelo menos, quem vai acreditar que é isso que o nome visa, quando é do ponto da análise que ele se articula? Talvez a psiquiatria possa construir nosografias, que são igualmente classes de similitudes e de oposição, talvez ela possa enumerar sintomas, tratados como propriedades caracterizadoras. Mas, no instante mesmo em que, por homonímia, a psicanálise retoma os nomes recebidos, ela sabe, ou deve saber, que se trata aí de semblante: algo, para além, subsiste e não está esgotado na classe representável. Algo que diz, mas não o que os neuróticos têm de mutuamente substituível e sim o que cada um deles tem de insubstituível; é que o laço que, segundo toda aparência, é construído pelo nome comum só tem de substância o que separa para sempre os ligados. E, se entendermos estes últimos pelo que os faz se assemelhar, deveríamos estar, ao mesmo tempo, seguros de ter perdido o que, pelo nome, era visado de real. O nome de neurótico, de perverso, de obsessivo nomeia ou finge nomear a maneira neurótica, perversa, obsessiva que tem um sujeito de ser radicalmente dessemelhante de qualquer outro.

Mas não é a própria estrutura do mito dos prisioneiros que é encontrada no instante em que é por um real – nomeadamente, um desejo – que deve se constituir uma multiplicidade? Por isso, seria preciso a um só tempo sustentar que o mito é o das multiplicidades de sujeitos desejantes e que os nomes da psicanálise só valem através dessas vias.

Logo, da mesma forma que o *eu minto* não pode ser proferido sem que, por paradoxo, o enunciado seja incessantemente remetido da verdade à mentira, da mesma forma o julgamento "Fulano é neurótico" só define uma classe paradoxal: a propriedade que parece ser dela o princípio e o laço é o nome do que extrai do anel propriedades e laços. Vemos facilmente que um tal julgamento não pode ser aristotélico: de fato, o predicado visa apenas uma subjetividade e esta só pode vir do sujeito. Quanto ao sujeito, designado por um nome próprio – e como poderia ser de outro modo designado? –, é verdade que, reduzido a si mesmo, ele permaneceria em suspenso, mas o conteúdo que ele recebe do predicado só faz repeti-lo no que ele tem em si mesmo de propriamente subjetivo. Por isso a temporalidade do julgamento está incessantemente entrelaçada: há antecipação do sujeito em relação ao predicado, uma vez que o primeiro já coloca o Um de real cuja singularidade o segundo supostamente vai nomear. Esse Um, portanto, já estava nomeado quando o enunciado se abria, mas também não estava, uma vez que, atendo-se ao sujeito, permaneceríamos no suspense e na simples escansão, que não nomeia. Há, também, retroação do predicado para o sujeito: é no instante em que o enunciado se encerra que fica claro que o que era nomeado no sujeito era justamente o que o constitui como Um de real, a saber, a sua posição quanto a seu desejo.

Exceto que ninguém nunca profere seriamente o julgamento. Ou melhor, ninguém nunca o profere sem ao mesmo tempo transformá-lo em atribuição psicológica, comum e frívola. Da mesma forma, o enunciado que diria propriamente o que está em questão seria uma frase bem diferente, pronunciável apenas fora de toda língua humana: por esses fora-de-línguas que são a interjeição, o lapso, a escansão, o silêncio, o *Witz*. As nomeações articuláveis que lhe fazem as vezes são, portanto, de puro semblante: como tais, equivalem-se todas, contanto que tenham efeito de interpretação, e esse efeito, sozinho, as qualifica. Não existe nenhum privilégio real dos nomes psiquiátricos, a não ser quando se trata de ligar um discurso.

Por isso vemos que a classe paradoxal, visada por esses nomes, não é suscitada por eles. Em outros termos, não é uma classe simbólica. O significante *neurótico*, proferido, não convoca nenhum agrupamento: ao contrário do que acreditam os inteligentes nominalistas, não é o proferimento aqui que faz o caso: nenhuma Voz, vinda de não se sabe onde, deve ser restituída para chamar os sujeitos às suas posições e lhes dizer "Tu és fulano".

Quando muito ela diria, caso existisse: "Seja ele qual for, não cedas em teu desejo". Assim ela solicitaria ao sujeito que se remetesse apenas a um real e que construísse, por sua singularidade, uma classe paradoxal. Toda máxima assim fundada terá a forma de um julgamento tético, quaisquer que sejam, aliás, os nomes que o suportem. O que é então afastado é, primeiramente, a classe imaginária: o sujeito é obrigado a nunca converter a tese em síntese ou antítese e a nunca responder à incessante demanda que todos, enquanto Todo delimitado, lhe endereçam para fazer Laço: a questão de saber se é preciso ou não consentir em tal propriedade representável para pertencer ou não pertencer a tal classe realista é a frivolidade mesma, embora seja também o lugar das circunstâncias e das conjunturas.

Escolher seu espaço, como se diz, sempre é, portanto, um problema de conduta imaginária, se acreditarmos que se trata de calcular propriedades e, fundando-se nelas, de determinar-se. Mas sabemos que em geral não é nada disso e que, sob as cores do realismo histórico, uma mercadoria bem diferente se veicula: imperativo categórico em uns e, nos outros, disponibilidade para toda obediência. Um único recurso aqui: procurar apreender o caso, para além do que faz conjuntura, e ouvir nas entrelinhas o que se diz, o nome daquilo em que somos solicitados a ceder.

O que também está afastado é a ética simbólica, isto é, a universalidade formal, e a demanda de que toda máxima só se mantenha se valer como uma lei do Universo. Pois é, bem ao contrário, o esvaecimento de todo Universo que seria o signo do desejo, num instante de branco, no qual se alia a evidência ao contentamento, contanto que o bom encontro se efetive. Talvez os termos cartesianos sejam mais apropriados que outros para soletrar a incontornável asserção de certeza antecipada. Diríamos de bom grado, então, que Kant deve ceder a vez, ele que incita com tanta força à ética simbólica, se também não soubéssemos que a sua linguagem às vezes é necessária e a única capaz de fazer efeito de verdade.

Pois, pelo jogo das homonímias, às vezes é preciso fazer servir os significantes com uma ética que impeça o sujeito de se enviscar em outra. Por isso vemos que o vocabulário da ética simbólica, prestando-se ao descarnamento do Universo, acaba por cindir a ética real da ética realista – por impedir que o sujeito, a pretexto de não ceder, se contente em sempre preferir a teimosia. Reciprocamente, solicitações feitas na linguagem da conjuntura e das circunstâncias às vezes visam restituir o gume do caso e fazê-lo valer diante da platitude universalista e formal. Por isso é preciso, aí ainda e sempre, interpretar: ouvir o acento da verdade – ou, ao contrário, o da desvalorização – ora na voz do *dictamen* abstrato, ora na do egoísmo.

Mesmo assim é preciso que a interpretação seja permitida. É aí que o discurso da psicanálise dá testemunho e aborda suas margens natais: é permitido interpretar, diz ele, isto é, enodar o Um real de um desejo ao Um simbólico de um significante, o qual se deixa ouvir no tecido ligado de um semblante Imaginário. O que também se diz: a verdade fala, ou ainda, um significante de fala pode ter efeitos de verdade, ou ainda, há encontros, ou ainda, há nomeações reais, ou ainda, *scilicet*, é permitido que, num tempo segundo, a verdade se alinhe entre os saberes dizíveis.

12.
A canalhice

A conjectura é que os seres desejantes se agreguem e se dispersem como os três prisioneiros. Pois, se a rodela colorida é, para cada prisioneiro, o que o faz um quanto ao real, sem, no entanto, de modo algum discerni-lo, nem mergulhá-lo na representação, cada sujeito da mesma forma é feito um, por um desejo que não o discerne e não lhe confere nenhuma propriedade manejável. Ora, se há uma ética que comanda que ninguém ceda em seu desejo (o que corresponde a ordenar que ninguém renuncie a existir como Um real), aquilo em que o sujeito é solicitado a não ceder é para ele, por estrutura, tão inacessível quanto a rodela do relato o era para os prisioneiros. O sujeito não pode apoiar-se em nenhuma observação nem deduzir de nenhum princípio assegurado a conjectura de que tal inscrição significante é o nome próprio de seu desejo ou de que tal propriedade material é a cintilação do objeto que o causa. Entretanto, é preciso aqui também concluir à toda pressa, pois, no instante do atraso, a nomeação se desinscreve e a cintilação se apaga. A procrastinação aqui é sinônimo do consentimento em ceder, como era, no mito, sinônimo de morte.

Concluir sobre seu desejo não tem, pois, outra garantia além da certeza que o acompanha. Signo, no entanto, em si mesmo equívoco, já que nada distingue, quanto à realidade, a certeza vinda do real da certeza teimosa da surdez. Quando muito o sujeito deverá, em cada instante que concluir, apoiar-se nas conclusões análogas que, numa ordem dispersada, cada ser falante tira por si mesmo e pelos outros. O sujeito então suspende o movimento começado, disposto a só continuá-lo seguro dos movimentos de algum Outro, oriundos de uma conclusão tão pouco garantida quanto a sua própria, e dependendo tanto dela quanto ela depende deles. Isso mesmo é que era imajado pelo mito da vida salva, nome afinal receptível daquilo em que um prisioneiro supostamente não cede.

Entendemos que às vezes a dúvida tome conta dos sujeitos: e se não houvesse nada a reconhecer para além das demandas? Daí viria que estaríamos dispensados de atenção e satisfeitos com algumas realidades apropriadas. Tanto mais que, ainda que justamente encontrada, uma nomeação real não permanece. O fato de a interpretação ser permitida nada muda aí, já que, mostrando a licitude dos encontros, ela só pode fundar o descontínuo deles. Não que o significante em que o sujeito por um instante se concluiu nomeado seja sempre insuficiente ou inadequado: ele é apenas incomensurável. Daí o precário e, portanto, a pressa necessária que marcam toda nomeação. Daí também o movimento perpétuo em que o sujeito, incessantemente, se prende e se desprende dos nomes: neles se aliena e deles se separa. Os filósofos reconheciam nisso a *inquietude*, sintoma do desejo, e a condenavam.

Por isso, mestres do Um simbólico, eles não deixam de afastar o sujeito de caminhos tão múltiplos, e a sabedoria deles consiste, em geral, em propor o significante supremo, de onde nenhuma separação tem mais que se efetivar, já que ele contém em si mesmo todo significante possível. De modo que, se a alienação, isto é, a falta, subsistir, ela é irremediável: nasce então a sabedoria afligida, discurso da falta eterna, da angústia e do engajamento. A não ser que demonstremos – sempre é possível demonstrar – que, por absorver em si todo significante possível, o significante supremo impede que reste algum lugar nomeável para a alienação: Deus ou não, é o lugar de toda serenidade. Mas, aflita ou serena, a sabedoria só diz então uma coisa: há um tempo em que o desejo se suspende, pelo simples fato de que ele operou o encontro derradeiro: significante de todos os significantes, e assim objeto absoluto. Desse ponto, uma vez construído, toda separação não parecerá mais senão inquietude vã, divertimento, busca daquilo que, em qualquer circunstância, não pode mais ter nomes. Vemos, então, em que tal sabedoria ter a ver com a suposição da Metalinguagem radical e em que a negação da Metalinguagem se articula como incansável persistência que o sujeito põe em se descolar daquilo que supostamente o nomeia.

Quanto aos funcionários do Laço imaginário, sabemos muito bem o que se pode esperar deles. Risos e escândalo, eis os signos com os quais eles marcam a emergência do sujeito como desejante. E com todo direito, pois aí está em jogo a consistência do discurso que eles mantêm e que os mantém. Porém o real dos encontros sempre vem queimar e talhar o tecido ligado das comunidades. E, às vezes, com freqüência até, a gozação e o insulto não bastariam, se não fossem substituídos por uma máxima todo-poderosa: e se não houvesse nenhum desejo?

Sempre chega o instante dessa dúvida, tão radical quanto a cartesiana e de mesma estrutura, desse ceticismo, tão consumado quanto o de Pirro. É daí que vem a desesperança mais profunda, cuja moeda cotidiana é a tristeza, e a conseqüência ocasional, a lassidão mortal. Ora, acontece que o instante, continuado, funda uma máxima crônica: determina-se, então, coisa diferente de um humor; digamos: uma paixão morosa. De repente, o olhar se apaga, o ouvido se fecha, a boca se faz simples fonte de barulho. Não há desejo, diz-se, só há demandas; não há real, só há realidade; não há sujeito, só há condutas; não há singulares, há apenas gerais e particulares; é a litania do Laço, na qual o sujeito repete sua devoção doravante exclusiva ao que faz representação. O nome dessa paixão é a *canalhice*, que não é o castigo da renúncia a desejar, mas essa renúncia mesma. Pela canalhice, o sujeito vê, mas não olha; ouve, mas não escuta; encontra e reconhece, mas não quer saber nada disso.

É preciso ceder em seu desejo, e isso é ainda mais necessário porque *não há desejo algum*, são estes a máxima e o axioma da canalha. Conhecemos as formas menores: não ceder em um desejo que, supostamente, não existe torna-se não ceder em sua demanda. É a pequena canalha, ambiciosa e obstinada, cuja única categoria é aquela, reversível, do êxito (demanda satisfeita) e do fracasso (demanda insatisfeita). Ela não tem muita importância, exceto pela conexidade que a faz tão facilmente juntar-se à forma suprema: a canalha maior, aquela que, sobre o desabamento de todo desejo e do seu próprio, consolidou para sempre o Laço absoluto. Seu exercício favorito é o poder do mesmo nome; e seu significante maior é a morte que infligimos: a um só tempo real extinção de todo desejo e limite confirmador da Realidade, ela é ainda mais fácil de ordenar porquanto nada queremos conhecer exceto a sobrevivência, fundada no imaginário. “Só a morte é que ganha", dizemos então, confessando assim quase abertamente a máxima essencial. Se colocarmos a Realidade no lugar da morte, entenderemos assim o segredo decisivo; mas também se não a colocarmos, pois o que está em jogo é que seja a morte, e nada mais, que passe aqui por Palavra-mestra de quem quer manejar soberanamente todas as realidades, e só as realidades. Por esse nome, o além de toda demanda fica irremediavelmente fadado ao nada, e denega-se ao real todo poder de convocar. Então, resta apenas a sobrevivência, e o essencial é assegurá-la por todos os meios: daí nasce a covardia profunda, tão conatural àqueles que sentem prazer nas execuções sumárias.

Mas seria preciso declinar tantas formas: não esquecer a substituibilidade, pelas vias da homonímia corruptora, do sacrifício pela barbárie: vimos sujeitos dedicarem-se com o que tinham de mais nobre, no que diz respeito à ética simbólica, de mais despojado das inclinações sensíveis, fazerem-se os instrumentos mais apropriados da baixeza e da crueldade. E isso porque o sacrifício na linguagem deles tinha o mesmo nome que a renúncia ao desejo: da justificação apenas pela fé aos torturadores dos *Lager*, entende-se aqui, sem encontrar outros monstros que cinzentos funcionários, o que é hoje estenografado pelo nome, outrora tão grande, de Alemanha. Não esquecer tampouco a sátira que, sabemos, acaba numa anorexia da fala. Atira-se em tudo o que se mexe e desvaloriza-se tudo o que poderia ser dito: não basta mais, então, renunciar a desejar, mas a linguagem mesma está a mais, e rapidamente, insidiosamente, também alíngua como tal. Na verdade, não havendo mais além do que se diz, alíngua desapareceu. Ao mesmo tempo, a linguagem vê-se fadada, para sempre, a pura e simples tagarelice: sempre insatisfeita, a pretexto de impor altos e nobres critérios, a sátira exigente não reconhecerá nada que a justifique, mas é porque, de antemão, ela concluiu que a verdade nunca fala.

Não esquecer, enfim, as formas joviais, nas quais a renúncia ao que dispersaria todo Laço recebe seu merecido salário sob as espécies do êxito incessante: não há mais pessimismo aqui, e sim o otimismo, não há mais austeridade, e sim o sorriso. Pouco importa, já que, por ter-se determinado a ceder em todo desejo, o próprio sujeito vai se limitar e vai limitar qualquer outro ao que faz ceder. Apesar das reticências, ele desde já está preparado para homogeneizar-se com todo sujeito que encontrar a fim de que, precisamente, nenhum encontro tenha ocorrido; para nunca reconhecer o caso singular, apressando-se sempre mais rápido em concluir pela regra e pela exceção particular: desatento a todos, porque desatento a si mesmo.

Que haja um além das demandas, é nisso, pois, que não convém ceder, e não ceder em seu desejo é, antes de mais nada, não ceder no real que há nisso. De modo que a psicanálise, ao assegurar que a nomeação do desejo é permitida, também atesta que o desejo existe como real. Por isso, apesar da secura ocasional de suas formas, ela nunca pode ser realmente triste. Por isso está necessariamente estruturada como uma ética: único discurso que inclui em si, necessariamente, o voto de que nenhuma canalha nele se inscreva. Mas sabemos que, por uma inversão em que alguns, em outros tempos, teriam percebido o Diabólico mesmo, é precisamente a articular a máxima canalha como tal que certos analistas parecem ter-se dedicado. Podemos entendê-los: pois, se o essencial da escuta é bem separar o desejo da demanda, que critério mais certo impor-se do que arrebentar tudo o que se apresentar como demanda? Mas tudo já estava perdido, quando se havia pedido o certo – a pretexto de cuidar apenas do desejo, já se havia construído a figura que o denega: a permanência e a garantia. Por ser o negativo de qualquer demanda que seja, o desejo torna-se ao mesmo tempo uma simples função dela, à qual tudo daqui por diante está submetido. Só que, para salvar as aparências, fazemos sofrer: ali onde o comum dos homens se vê forçado a um mínimo de generosidade, seremos duros e frios e, por não produzir os efeitos de verdade, procuraremos substituir esses efeitos pela sistemática e voluntária ferida. Quem não conhece essa selvageria, facilmente lisonjeada por sua própria dureza, e assim acreditando nela reconhecer os traços mais certos de sua autoridade. Inteiramente homogênea nisso à perícia da sabedoria política, tão pronta a não se deixar cegar, quanto às realidades, pelas frivolidades da simples justiça – que ela se dispensa de pensar, concluindo de antemão que a hipótese mais indigna é, apenas por esse fato, a mais sábia e a única que deva ser considerada. É o fundo comum de insondável abjeção dos diversos hábeis – analistas selvagens ou conselheiros dos príncipes –, sempre dispostos a reagir com arrogância diante de uma demanda vinda do sofrimento e a inclinar-se diante de qualquer demanda que seja, contanto que seja degradante. Pois sabemos que, se não há desejo, então todas as demandas se equivalem e só podemos discriminá-las por suas propriedades realistas: o melhor seria, então, que prevalecessem os cálculos do entendimento e da necessidade. Ao que o analista selvagem se prende, a isso acrescentando apenas, por preço de seu estatuto, o duro desígnio de dilacerar os laços e de retalhar os rostos.

Ao mesmo tempo, a verdade torna-se fácil e cotidiana. Nenhuma necessidade de escuta: já se havia, o que quer que fosse dito ou feito, tudo ouvido. Basta preceitos que, diante de qualquer interpretação, a validem pelo que ela tem de penetrante: "Não se deve se deixar enganar", diz então a canalha, feliz porque sua penetração sempre descobre apenas uma abjeção. Ou de ferino: "a verdade é o que fere", diz ela ainda. Ou de triste: "o pior é sempre garantido". Ou de negligente. Ou de mortal. Enganação ainda maior porquanto passa pelos mesmos ditos da interpretação verdadeira: ora, o que se profere aí nada mais é que a proclamação de que a interpretação, em qualquer hipótese, sempre é supérflua.

Assim, má ou boa, cruel ou polida, a canalha está fadada a sempre ter sucesso com o gênero humano, pois a interpretação é justamente o que se suporta com mais dificuldade. Porém, pela razão mesma de que os encontros sempre acabam acontecendo, o instante do preço pago não deixa de advir e seu nome, duro de carregar para a canalha, é burrice.

13.
A burrice

Seria preciso falar da burrice. Dela constatar primeiramente esse traço paradoxal: um uso, tão comum que chega a ser evidente, a considera como uma disposição dos indivíduos, um termo, portanto, que resulta da lógica da particularidade e cuja doutrina de bom grado se dirá psicologia. Mas, mal a determinação é colocada do lado dos caracteres, ela aparece no ponto oposto, do lado das comunidades sociais. Pois, por estrutura, parece que a burrice faz corpo social e, por que não, instituição. Diríamos até, de bom grado, que ela se constrói como universal conspiração. Da qual são testemunhas alguns romances: penso nos de Flaubert, nos quais a burrice surge no lugar mesmo onde Balzac nomeia a conspiração, Proust, os homossexuais e Sartre, os patifes.

Todas essas são instâncias em que a série dos fenômenos explícitos aparece parasitada por uma pulverização vinda de outro lugar cuja constituição como múltipla remete incessantemente à singularidade dos termos isolados. Conhecemos essas classes paradoxais nas quais o que, supostamente, agrupa os elementos é justamente o que os faz absolutamente dessemelhar entre si. Sabemos que a psicanálise nada conhece de diferente, e diríamos até que a subjetividade moderna encontra aí seus únicos lugares. Seja pela Literatura e pelo Estilo, pela Arte e pela Maneira, pela Medicina e pelo Caso, pela Política e pela Liberdade, não se cansa ela de enodar o princípio de sua dispersão a um nome generalizável em coletividade?

Ora, quem vai acreditar que essa burrice conspiradora, cuja mão vemos por toda parte, quem vai acreditar que ela seja suficientemente cimentada por uma disposição de caráter que encontraríamos semelhante entre os membros de uma classe, ou por um *quantum* de inteligência que suporíamos igualmente fraco em todos? Outra coisa aí está em jogo: alguma posição do sujeito, anterior a essas similaridades que um vão povo crê reconhecer ou medir. Em outros termos, uma singularidade, se é preciso nomear assim o que não funda nenhuma semelhança, e não uma particularidade, função conhecida da semblância, isto é, do Mesmo e do Outro. O que seria preciso então conceber é essa maneira burra de existir como sujeito: um modo segundo o qual o sujeito como real se inscreve pelas vias da burrice, como lhe acontece se inscrever pelas vias da neurose ou da perversão.

Estamos nos propondo, portanto, a acrescentar aos nomes comuns da subjetividade moderna o da burrice: simples operação de léxico, se não notarmos que, assim, a burrice deve ser relacionada a seu sintoma. Não é que seja difícil descrever: através de tantas experiências, de encontros e de relatos, sabemos reconhecê-lo nesse sentimento, incessantemente impotente, exasperado ou enternecido, de que o que quer que digam ou que façam, isso se mantém sempre. Pois, contra a burrice, nada consegue prevalecer: nenhum corte nela se opera de chofre; a qualquer significante que desenode ela se revela surda. Não eterna, mas sempiterna, ela opõe ao que a dispersaria a fronte teimosa de quem não ouve: então, nenhum efeito de sentido se exerce, nenhuma interpretação opera, o tecido enodado da realidade se desenrola sem sobressaltos, recobrindo com sua mortalha o monótono discurso das significações. Conhecemos todas as formas benignas disso: essa surdez ocasional – e às vezes fingida – a qualquer *Witz*, o ar entendido que marca de nulidade o encontro de um sentido, a perícia – com freqüência dita experiência – sempre pronta a juntar o bando das significações experimentadas a fim, sobretudo, de que tudo continue sem sobressaltos. A isso poucos escapam: quem pode se vangloriar de segurar incessantemente o leme do sentido?

Mas as formas malignas e permanentes?

Só podemos relacioná-las a uma máxima, fazendo de tal ou tal surdez a regra constante de um sujeito. Em outras palavras, agir em quaisquer circunstâncias como se nenhum sentido existisse, e não ceder no axioma burro:

não existe corte que desfaça o Laço

Por conseguinte, o sintoma se esclarece, já que a máxima – combinação da injunção e do axioma – não tem outro conteúdo senão ele mesmo: se na burrice isso se agüenta, é porque ela consiste em crer, justamente, que isso se agüenta. Assim, é a própria função do que dispersa que está fadada a nunca ganhar valor. Que incessantemente o desejo ceda à demanda, o real, à realidade, o sentido, à significação, são estes os sintomas atestados. Quem fica firme no axioma está, portanto, em posição de resistir a qualquer interpretação; seu triunfo sobre qualquer sentido que seja está assegurado na realidade, já que ali se estende seu reino e a burrice se define por não reconhecer outro espaço. O preço a ser pago é que assim resistimos igualmente ao próprio desejo – está fora de questão que de algum modo ele venha romper a continuação das demandas. Na perseverança que o burro ensurdecido põe em não ceder nunca nas segundas, saibamos ouvir o desastre do que não cessa de ceder no primeiro: no que a burrice se junta à canalhice, e reciprocamente.

A partir de tal ponto seria fácil construir um lugar. Lá encontraríamos todas as teses cuja visada é assegurar uma certeza única: o que quer que se faça, isso sempre se agüenta. Que tudo se diga, que o ser persevere sem ser afetado pelo fato de ser falante, que a linguagem una e comunique, que haja algum discurso que não seja semblante, eis algumas palavras enunciadas pela burrice, ou, pelo menos, por ela aplicadas. Reciprocamente, ficaria claro que aquilo pelo que todo dispositivo pode se manter nada mais é que a parte necessária de burrice: verdadeiro *caput mortuum* a que todo sujeito é convidado a consentir uma vez que é feito semblante de que a dispersão real cessa de existir.

Pois, como sabemos, para o semblante próprio do discurso, a pretensão constitutiva é fazer como se nada existisse, como se de nada não pudéssemos dizer que ele não cessa de lá não se escrever. Todo discurso requer de todo sujeito que ele consinta, por um instante pelo menos, nessa máxima, anestesiando-se quanto a esses cortes que poderiam dispersar e pulverizar. Esse instante, por mais impalpável que seja, é burrice radical. Revistas, semanários, departamentos, seitas, instituições só se agüentam por ela, da mesma forma que as assimilações, as semelhanças, as solidariedades, as afecções. Convém sabê-lo, ainda que só para não resistir a elas além da conta, a ponto de cair nas manias da inteligência anacoreta. É que talvez não se deva chegar a não suportar que haja demanda e semblante: ingenuidade cujo salário é a honra estéril, e o preço, o afastamento. Não se recusar ao mínimo de burrice necessária, mas reconhecê-la pelo que ela é, é isso o que é esperado de quem sabe que o imaginário não se reduz, como também não a demanda de que alguma coisa se agüente. Em outras palavras, prestar-se a isso, mas não se entregar a isso.

Daí vem a presteza, que é o contrário da persistência. Mas conhecemos sujeitos que se constituem pela burrice constante. Não nos espantaremos que tenham podido crer inscrevê-los na forma social. A sociedade não é o lugar do que liga? Ficaremos menos espantados ainda que alguns tenham podido aparentá-los essencialmente a essa forma social cujo princípio é em si a igualdade e a semelhança e que não requer outra legitimidade senão a seguinte: entendamos a burguesia liberal. Numa sociedade que se vangloria de não editar outras leis além do mínimo necessário para manter juntos seres falantes, compreenderemos facilmente que o princípio não seja a virtude, nem a honra, nem a obediência, mas a burrice, isto é, a paixão pelo próprio laço.

Não nos espantaremos também com o fato de o pensamento burro se introduzir na forma do lugar comum e da idéia preconcebida: todo dito cujas forma e substância só se fundam no efeito do laço efetivado pelo dito é valor da função burra. Reciprocamente, seja qual for a forma ou a substância de um dito, sejam quais forem as circunstâncias de seu dizer de origem, basta que ele não opere mais corte – mas agrupamento e homogeneização – para que se torne litania da Santa Surdez. Assim se vê explicado o aparente paradoxo que faz com que aqueles mesmos que dão importância à universalidade do verdadeiro também dêem importância a que a opinião mais difundida – e, por que não, universal – possa ser imediatamente a mais falsa: convém, com eles e melhor que eles, distinguir, sob o nome equívoco do Universal, aquele que faz ficar junto daquele que não faz ficar junto – ou, se aceitarmos nomear *Todo* um conjunto que se agüenta, o que faz e o que não faz Todo. Só então será permitido renunciar ao ódio da burrice, que não é outro senão seu amor, e cujo sintoma é o ódio da idéia preconcebida, isto é, a sujeição a esta.

A burrice é crer no laço, isto é, ceder no impossível que haja. Ora, sabemos escrever o matema desse impossível:

$$\forall x.\varphi x \qquad \exists x.\overline{\varphi}x$$
$$\overline{\forall} x.\varphi x \qquad \overline{\exists} x.\overline{\varphi}x$$

A primeira linha coloca que uma propriedade φ só pode fundar um Todo ligado – $\forall x.\varphi x$ – por um limite construível: uma existência que se excetua de φ ($\exists x.\overline{\varphi}x$). A segunda linha coloca que, na ausência de limite ($\overline{\exists} x.\overline{\varphi}x$), não há Todo, ou que o Todo não consiste, ou que o Laço está disperso, ou que há não todo: qualquer verbalização que dermos, a notação $\forall x$ daqui por diante só é lícita dotada de uma barra de negação: $\overline{\forall} x.\varphi x$. Assim, o Laço (assim como as propriedades, como os Todos) escreve-se na primeira linha, mas não é verdade que a segunda baste por si só para notar o impossível: ela só consegue isso emparelhada à primeira, que ela supõe para desfazê-la. Só da primeira ela tira o $\forall x$ que ela tem por efeito barrar.

Disso não concluiremos, no entanto, que as duas linhas estão em relação e que a segunda serve de limite à outra: o matema do impossível do Laço está em si mesmo marcado pelo impossível que ele aponta: do impossível, na verdade, ele propõe como único suporte de escrita uma pura e simples ausência; as duas linhas são necessárias, mas é para que surja, do entrechoque delas, o significante essencial: o branco separador. Por conseguinte, é preciso e basta para denegar o matema que seja apagada, por uma operação alternada, uma ou outra das linhas. Com cada uma delas, desaparece o Héteros de real que a co-presença díspar delas deixava ler: o branco, de escansão que era, fez-se extensão contínua.

A crença no Laço, que estrutura toda burrice, obtém-se, portanto, pela ofuscação repetida de uma linha de quantificação. Vale dizer que, por estrutura, conforme uma ou outra linha se obliterar, a função burra tem dois valores que alíngua distingue bem. Por um lado, acampar no Todo, ao preço de não mais consentir em que encontro algum o disperse; quando tal encontro acontecer, mantê-lo avesso e contra tudo, a ponto de tomar a si mesmo como o único a fazer Todo e, por esse fato mesmo, experimentar sua insuficiência necessária para chegar a isso, são estas as vias de quem não tem a força de consentir na existência do não-todo. O laço assim reconfortado não subsiste mais a não ser na fraqueza: bastão inapto do Universo, o sujeito se batiza então com a imbecilidade. Feliz e satisfeita, se a sorte permitir que efetivamente ela não se choque com nada que a disperse; infeliz e boquiaberta, sempre que o real do não-todo se impuser: a não ser que, sob a sua forma refinada, aquela que nomeamos inteligência, a imbecilidade saiba lançar na conta da particularidade, isto é, do limite que confirma o Todo, a singularidade escandalosa. Assim, numa volta hábil, o Todo vai reinar em definitivo, sem que nada, jamais, possa afetá-lo.

Ao inverso, tal sujeito pode inscrever-se como o que não cessa de barrar o Todo, recusando por máxima o que quer que se apresente na forma do universalizável. Nessa posição em que a resistência de um sujeito ao que fere um desejo singular se confunde, por surdez, com a teimosia concentrada em salvar a mínima particularidade reconheceremos a idiotia. O laço se constrói, então, de maneira bifurcada: pelas vias egoístas da exceção sem limite, perpetuamente pedida para si mesma – e facilmente obtida do imbecil reduzido ao silêncio –, mas também na maneira mais respeitada do devotamento infinito a certa realidade que deve, para além de tudo, ser posta fora do universal: de Salomé a tal coração simples, sabemos agora desenhar a oscilação pendular, própria para desconcertar, contanto que um mesmo indivíduo a percorra sem parar.

Há, pois, por estrutura, duas maneiras de acreditar na união. Não nos espantaremos de a encenação mais visível disso ser o teatro dos sexos. Que a sexuação seja a ocasião de um laço, é bem esta, com efeito, a crença última, que assegura a perpetuação dos seres humanos. Muitos talvez até consentissem na abolição de quaisquer outros laços – denominada, por que não, Liberdade –, contanto que algum sexo continuasse se ligando a algum outro e que, a dois, formassem o par. Bem mais, às vezes uma tal abolição supostamente é a condição expressa do laço sexual como tal, demanda final e lugar de um último esforço.

Convenhamos chamar de Homem e Mulher os dois termos do laço. Convenhamos, além disso, que, nas linhas que articulam o impossível de todo laço, uma, a do Todo, seja dotada do nome Homem, e a outra, a do não-todo, do nome Mulher, e veremos facilmente o que é acreditar no laço sexual: só o fato de se crer ou Homem, ou Mulher, obliterando, por negação [*déni*] alternada, a outra linha. Crer, quando nos cremos Homem, que a Mulher se liga na medida em que se inscreve – em caso de necessidade, como exceção particular – do lado do Todo. Crer, quando nos cremos Mulher, que um Homem se liga na medida em que se inscreve – em caso de necessidade, como sucedâneo de singularidade – do lado do não-todo. Uma vez que cada linha das escritas quantificadas recebe assim um suporte isolável, uma vez que esse suporte é nomeado pelas espécies sexuadas como Homem ou como Mulher, a crença no laço essencial – de fato, o único que conta – se estabelece com toda segurança.

Vemos, ao mesmo tempo, que as posições do sexo se enodam indissoluvelmente à máxima burra como tal: na verdade, querer-se e crer-se Homem nada mais é que votar-se à imbecilidade em si; querer-se e crer-se Mulher nada mais é que votar-se à idiotia em si. Em nenhum lugar melhor que em nossa sociedade a homologia, ou antes, a identidade estrutural se decifra. Pois é evidente que, na sociedade burguesa, que se quer, como é sabido, regida apenas pelas necessidades do laço, sem os ornamentos míticos das cosmogonias nem do rito, a última palavra cabe ao que põe, um diante do outro, os termos nus da relação como tal: aquela cujos impossível real e possível imaginário envolvem todos os outros[1]. A ponto de a sociedade inteira por fim receber a felicidade, isto é, o bom encontro de um homem e de uma mulher. Está bem aqui a comédia burguesa, que diz a verdade sobre a sociedade do mesmo nome, reconhecendo como único objeto, no recobrimento, na interseção e na disjunção deles, os dois tratamentos reconhecidos do impossível laço: o amor e o casamento.

Pensemos nas cenas de despeito amoroso, nas quais o homem, por dedução racional, conclui inevitavelmente pela traição e, por não ter levado em conta a exceção mínima, engana-se inevitavelmente. O que não é difícil para a mulher lhe demonstrar assim que resolve mostrar o grão de singularidade no qual o universal tropeça. Pensemos nas cenas conjugais entre um

---

[1] O século que, na França, viu o triunfo da burguesia liberal também é o século que instituiu, nas práticas mundanas, a separação mais absoluta entre os sexos: calças opostas aos vestidos, preto oposto às cores, *fumoir* distinto do salão. Lembramos as constatações desoladas da *Confissão de uma criança do século*, a que faz eco Vigny, em *Cólera de Samson*:

"Os dois sexos morrerão cada um de seu lado".

Lembramos igualmente a palavra, que vale interpretação, do general De Galliffet a Madame Dieulafoy. É preciso então duvidar que esse século seja o da burrice? E encontramos Flaubert, mas também Léon Daudet, analista selvagem, aluno de Charcot e amigo de Proust.

esposo insuficiente em sustentar as proposições universais pelas quais ele se autoriza e uma esposa teimosa em nunca consentir em nenhuma. De Molière a Feydeau, a teoria do laço sexual, numa sociedade sem termo que a transcenda, resume-se ao encontro – feliz ou infeliz, conforme as ocasiões – de um imbecil e de uma idiota.

Talvez aí esteja apenas o *happy end* do conto. Continua sendo possível chegar a ele por figuras diversas: o fátuo, que acha que as mulheres atingem o Todo por ele; a coquete, para quem todo Homem supostamente está disposto a ceder no Todo; o bobo, acreditando tão firmemente que a Mulher é Todo que é surdo a cada uma; a babaca, disposta a tudo por seu Homem. A língua francesa é cheia dessas nomeações em que o masculino nunca responde ao feminino e cuja referência inevitavelmente tem a ver com o encontro, imaginado laço, entre homens e mulheres. Não pode ser fortuito que tais expressões sejam imediatamente entendidas no campo da burrice. A conjectura é que elas soletram diversas condutas regradas apenas pela máxima burra: variantes observáveis da imbecilidade e da idiotia, papéis cenograficamente distinguíveis em que se representam duas posições fundamentais.

14.
Uma geração que desperdiçou a si mesma

Gostaria de falar de algumas pessoas, que tiveram vinte anos durante os anos 60 – estando entendido que vinte vale por símbolo de uma *akmé* e que os anos 60 começam em 58 para acabar em 70. Os traços superficiais desse período são conhecidos e não vou falar deles de novo, limitando-me a resumi-los: expansão econômica e fim sucessivo de algumas instituições vindas da 3ª República, entendamos: a técnica política à francesa, dominada igualmente pelos partidos e pelos escribas de opinião (do borrador ao grande escritor); a literatura; a Universidade.

Assim foi suficientemente descrita a peripécia decisiva. Pois a expansão supostamente indefinida também era o fim da necessidade e da raridade; e as instituições que se apagavam umas após as outras, a primeira provisoriamente, as outras talvez para sempre, eram as fábricas reconhecidas da opinião. Ao mesmo tempo, desaparecia o que, até ali, determinara os pensamentos. Com efeito, entre a necessidade e a opinião uma conjunção singular se estabelecera, constituindo o que se poderia nomear *criticismo da urgência*: nenhum pensamento podia ultrapassar os limites que a existência maciça e premente da raridade lhe destinava. Falar da raridade, propor-lhe análises, ou até procurar trazer para ela algum remédio, era este o termo supremo, que não se podia ultrapassar, sob pena de frivolidade, isto é, de idealismo. Assim, não havia nada que pudesse, de direito, exceder a *doxa* oportuna, sucedâneo, imposto pela dureza dos tempos, da opinião verdadeira: nada, e, sobretudo, não um conceito.

Ora, dali por diante havia um além da necessidade. Alguns viam nisso apenas excedentes de prosperidade, mas outros encontravam uma falta para além da indigência material (supostamente redutível) e para além da urgência – atenuada – da conjuntura. Paralelamente, devia haver um além da *doxa*: um pensamento que não se limitasse à opinião.

Fim das opiniões, esta se tornou a palavra de ordem; diversamente negociada, conforme o fio das sinonímias, em rejeição proclamada das ideologias, do imaginário, do desconhecimento – em elogio da teoria, da ciência, da verdade. Mas, ao mesmo tempo, era preciso se referir à política, pois o criticismo da urgência bem era uma visão política do mundo. Tudo era político, mas a própria política consistia apenas nessa aliança da *doxa* oportuna e da necessidade premente, limitando o pensamento à primeira, em nome do segundo. Ora, dali por diante, a urgência havia cessado e, com ela, o criticismo; nem por isso a visão política do mundo se esvaecia, ela se atribuía novos imperativos: a política devia articular o além da urgência – desejo ou liberdade – no além da opinião, batizado verdade. Conforme os indivíduos ou os grupos, e por um movimento de eliminação sucessiva, ela se sonhou então ordenada por um discurso de puro simbólico – digamos: uma teoria – ou do real do desejo ou do real da liberdade, que é apenas um nome do precedente. O fato de que, em todo caso, ela não se ordenava pela opinião era o que se deixava ouvir em léxicos variados. Alguns, de resto, os adotaram, sucessivamente, com certeza acreditando mudar de mundo, embora percorressem somente os espaços homogêneos, ainda que mutuamente exclusivos, de um mesmo sistema de coordenadas. Alguns nomes próprios – Marx, ou Spinoza, ou outros, mais políticos ou mais recentes – organizaram com seus significantes, simultâneos ou sucessivos, esses sujeitos poliglotas: por mais diversos que pudessem ser, estes não deixaram de fazer efeito de grupo, talvez até, conforme o caso, de massa.

Sustento que há sentido em agrupar, por esse entrecruzamento de pontos de referências, algumas pessoas como geração. Mas quem quisesse falar disso hoje só poderia pronunciar uma única palavra: dispersão. A tal ponto que o vocabulário apropriado deveria vir das diásporas e dos sinistros: nas ruínas da cidade deserta, os espectros perambulam, uns silenciosos, outros falantes, ora ociosos, ora ocupados em alguma tarefa maníaca. Se porventura se encontram, nada têm a se dizer: nenhuma evocação do passado pode consolá-los do presente, não que esse passado, por sua glória, acentue a miséria ulterior, mas porque, ao contrário, a miséria ulterior, por retroação, estende-se ao passado e lhe conta a verdade. Nenhuma interpretação do presente se articula, ou, caso se articule em um, não pode ser pelo outro ouvida, já que o presente nada mais é que essa impossibilidade mesma. Quanto ao futuro, ele só pode aparecer como uma transformação idêntica do passado, já que o passado só se definia, em seu tempo, como a crença num futuro.

Assim, o silêncio, na melhor das hipóteses, regra-lhes as conversas, mas o mais freqüente é que nenhuma conversa nasça, porque todo encontro é evitado: se se vêem, nada têm a se dizer, mas fazem tudo para não se ver; se o acaso fizer com que se cruzem, viram a cabeça a fim de que a visão não arrisque se tornar olhar; se, por não terem pressa, não podem evitar se avistar, ou se dirigir a palavra, os ruídos emitidos por suas bocas só têm a ver com a linguagem por sua função fática: toda palavra pronunciada assinala apenas que, por puro capricho, está assumido o compromisso de não deixar a conversa cair. O inconveniente, em todo caso, seria supor que uma palavra nunca pudesse fazer efeito de verdade.

Alguns fingem nomear a causa desse silêncio mútuo. O nome imaginário invocado com mais freqüência não é outro que a traição, reflexo invertido do que havia de pactos, amigáveis ou militantes, ou simplesmente adolescentes. De fato, esses pactos não deixaram de ser concluídos, contá-los seria soletrar as infindáveis anedotas com que se tecem as biografias e as memórias; eles eram apenas a moeda imaginária do poder de alguns significantes de fazer Um, o que vale dizer que tinham por lugar a realidade. Por recíproca, da traição, que os repete ao invertê-los, também é preciso dizer que ela sempre aconteceu, em algum momento, para algum contratante. De modo que, na realidade, é melhor para o conforto dos indivíduos que ninguém pense em ninguém – o que quase sempre corresponde a não pensar em nada, ou a só pensar no que, excluindo todos os outros, também exclui a si mesmo. Por conseguinte, para quem sustentar que a única luz que vale é a da realidade e da comunidade pública, os pensamentos que, desse ponto, tomam forma não são próprios para suportar a luz e se transformam em negros peixes, mal aparecem à luz do dia, cada vez mais mal separáveis da indulgência para com a infâmia e o obscurantismo.

Não é, evidentemente, que algumas floculações não aconteçam: temos assim pares, trios, células cimentadas por um ponto de honra em não renunciar ao além da *doxa* e da demanda. Temos assim bandos, combinados por solidariedades materiais: lembranças transformadas em ambições, compromissos de desejo modificados em gestão de um futuro, trata-se então de prever e de ligar, de obrigar e de trocar, de falar para não pensar. Mas, seja do lado da honra ou do aviltamento, da renúncia ou do êxito, nada da essencial dispersão é tocado.

Ora, as circunstâncias são, no caso, uma pobre explicação. Algumas, é verdade, são surpreendentes: loucura de uns, levada às vezes até o assassinato, silêncio decidido de outros, fracasso das organizações, mesmo assim não impedindo o sucesso dos indivíduos ou dos temas, só vemos por toda parte fraturas em chicanas e contradições. Porém fracassos, erros, mal-entendidos, traições reais ou supostas são o tecido comum das experiências coletivas. Nenhum período tem disso o monopólio e, de fato, disso não costuma resultar um semelhante destroço. Pensemos numa geração mais antiga, a dos anos 50, reunida em volta de Sartre, que a ela não pertenceu, e dos *Temps modernes*: é difícil imaginar maior acúmulo de erros de análise e de previsão, mais profundos malogros dos verdadeiros movimentos da história, mais desmoronado relaxamento da atenção intelectual e da escrita. Mesmo assim, são, no fim das contas, pessoas felizes: em todo caso, é claro que podem se ver e se falar, que seus pensamentos suportam a luz, que, sem decair diante de seus próprios olhos, elas podem um pouquinho que seja tratar do manejo dos negócios. Se até o tempo as dividiu ou opôs, alguma referência no entanto subsiste, referência que, quando elas evocam o passado, não provoca nenhuma opacidade e, muito pelo contrário, costura as feridas ulteriores.

Mas, aqui, é no lugar mesmo dos significantes que, nomes próprios ou nomes comuns, sucessivamente se agruparam que a dispersão se instalou. Não tem nenhum efeito fazer a mínima lembrança, já que a função de laço que eles autorizavam cedeu lugar a efeitos de dissolvente. Entretanto, não é que, indícios de verdade, eles tenham se tornado sinais de erro. De fato, comparada com as que vieram antes, a geração dos anos 60 enganou-se relativamente pouco: nada de importante lhe escapou, nem na ordem do pensamento, nem na ordem dos acontecimentos; as interpretações que ela propôs eram, no conjunto, razoavelmente profundas e verossímeis – na verdade, não foram substituídas. As próprias teses que poderiam refutar as que ela, no instante precedente, havia construído costumam ser teses que ela mesma, por refutações sucessivas, formulou. Os fracassos que sofreu são, antes, *sub specie historiae*, menos flagrantes que os dos companheiros de estrada ou dos resistentes de esquerda: o que são as desilusões do após Maio de 68 ou do após Mao, se comparadas à Hungria ou à IVª República?

Em suma, é preciso dizer: não houve cataclismo. O sinistro e a diáspora não encontram aqui nenhum Hitler e nenhum Stalin que os tenham diretamente comandado e, ainda que os anos 70 tenham sido duros para os que gostam de pensar, ainda que a insipidez dos centrismos tecnologizados às vezes tenha mais valor na capacidade de enojar que as ditaduras, haveria algum escândalo em não respeitar a hierarquia na infâmia. Tudo se passa, portanto, fora da obrigação, entre sujeitos que, livremente, se puniram. Seria, então, a vergonha que faria baixar os olhos e se afastar dos caminhos? Mas de que crime poderia ela nascer? Afinal, ninguém aqui tem sangue nas mãos; ninguém encobriu cientemente crime algum: bem mais, muitos não só os reconheceram como tais, mas os tornaram públicos. Uma vez mais, a comparação de geração a geração não é nem um pouco desfavorável àqueles que, hoje, parecem sofrer um castigo tão duro. Seria, então, esta a palavra exata? Ela não é, quanto à descrição do que é, forte demais. Nem liberdade de movimento, quando se trata de se encontrar, nem liberdade de falar, quando se trata de conversar, nem liberdade de pensar, quando se trata dela mesma, subsistem para a geração dos anos 60. Maldita por si mesma e para si mesma, ela deixa se dissipar o que, dito por ela, poderia ter efeito de verdade – embora ninguém, desde que está calada, diga nada que não proceda dela. Que castigo mais pesado para sujeitos que, por terem dado forma pública a seus pensamentos, tinham feito uma prática e que, por terem se submetido aos efeitos da verdade, tinham determinado uma ética?

Jakobson havia falado de uma geração, na verdade a dele, que desperdiçava os seus poetas: não faltavam sob a sua pena os nomes daqueles cujas vozes tiveram de se calar. Mais que o silêncio, que tem a ver com a fala, o sintoma decisivo era a mudez que a nega. De resto, ele não designava causa alguma, nem a guerra, nem as revoluções, nem Stalin lhe pareciam dignos de ser mencionados: a culpa recaía sobre os sobreviventes, tomados em conjunto, como uma geração. Hoje, eu, que não sou Jakobson, mas que segui seu ensinamento, digo que uma geração, a minha, também desperdiçou alguns sujeitos. Não eram poetas, mas também eram vozes e pensamentos. Conhecemos seus nomes e sua sorte: Fulano, delirante, Sicrano, aviltado, Fulano, tagarela, Sicrano, estúpido, Fulano, Sicrano e Beltrano, mudos ou surdos ou os dois; em todo caso, abandonados por todos e por si mesmos. Mas quem os enumerasse teria feito nada menos que percorrer a geração inteira. Por isso é que se deve dizer que o que a minha geração desperdiçou foi, coletiva e distributivamente, a si mesma.

Mas, se isso é um castigo, onde está o erro? Quem são os juízes? Será preciso acreditar nos Deuses que punem o orgulho dos que querem igualá-los? Devaneios. Não há juízes e, assim, nem falta, nem castigo. Não estamos na tragédia, na qual tudo resulta de uma mancada – *hamartia tis* – ocasional e evitável. O que foi descrito não podia ser de outra maneira e interessa ao que liga uma geração – perfeito ser imaginário – ao real de algum desejo. A aliança indissolúvel do que agrupa ao que dispersa, a reversibilidade constante da comunidade e da diáspora, a simetria repetida do pacto e da traição, tudo isso sintomatiza *um* ponto, encontrado pelos sujeitos dos quais estou falando, os primeiros com essa entonação, e dos quais faço parte: o de que há radical homonímia de todas as determinações. Homonímia, no sentido de que os três anéis não cessam de estar a ponto de se enodar e se desenodar; de que todo nome proferido é apenas um ponto situado no nó, de que todo ponto situado é descoberto, nesse instante mesmo, aquele pelo qual o nó se agüentava; de que todo ponto pelo qual o nó se agüenta é um ponto onde os três anéis se tocam e têm uma parte comum. Daí vem que todo nome está preso a um só tempo nos três anéis: quem quiser nomear uma parte de um só deles acabará, assim que o tiver nomeado, por nomear também uma parte dos dois outros. Homonímia radical, porque em nenhum lugar existe um fora-de-nó que permitiria nomear univocamente a diferença.

O sonho de que possa ser produzido algum nome que, suficientemente desligado dos enviscamentos falados, agüente firme o Um pedido pelo indivíduo revela ser apenas um sonho. Ora, o nome, desligado da fala e, por conseguinte, candidato à univocidade nada mais é que o pensamento, do qual o Todo bem poderia ser a Teoria. Daí vem que todo pensamento é equívoco, na medida em que forma um nome. Quem quiser tomá-lo pelo lado onde ele funda uma solidariedade imaginária logo vai sentir que ele também suscita uma dispersão real. E isso ainda mais porque é do pensamento como tal, o pensamento de que há pensamento, que o agrupamento devia ser produzido.

A ilusão é, então, que uma instância, da homonímia, possa fazer sinonímia ou univocidade – por equivalência com o que tem mesmo nome, ou distinção daquilo para o que o nome supostamente vale. Para sujeitos formados na escola francesa, essa instância só podia vir da política – o que é propriamente a visão política do mundo: a suposição imaginária de que só há uma metalinguagem, mas de que há uma, entendamos o discurso do bom e do mau agrupamento. Era então que a prova da homonímia devia ser mais dolorosa, já que tocava na demanda mais persistente, a da univocidade. O fato de a política não ser uma metalinguagem dali por diante deixava sem recursos a homonímia radical.

No entanto, foi o que aconteceu, e no ponto fundamental do discurso: aquele que, no discurso político, designa sua verdade, que é seu Outro dispersante, a saber, a liberdade. Como se sabe, esse significante é, em último recurso, o único que poderia ainda fazer Um das multiplicidades sem que imediatamente a infâmia se instalasse. Também é sabido que ele está submetido à declinação. Toda a questão da metalinguagem política é, então, determinar se as três liberdades são sinônimas ou não: podemos facilmente classificar aqui as doutrinas. Mas existe pelo menos uma certeza: é que, seja qual for a solução, a questão supostamente tem um sentido. Em outras palavras, sinonímia ou não, a univocidade é restituível e sempre é possível, no discurso, determinar em que anel nos agarramos.

Mas, se não houver metalinguagem, essa certeza desaba. Ora, foi aí e em nenhum outro lugar que tropeçamos. Não pela contradição – isso não era novo –, mas pela indistinção. A prova foi, portanto, que tais sujeitos que só se designavam por uma única liberdade tinham sido agrupados por uma outra. Com certeza não faltaram os episódios em que se pôde valorizar a distinção, ou a contradição da liberdade real – a da libertação e da resistência, aquela cuja última palavra é a morte – diante da liberdade realista, a única a poder pedir a permanência e a inscrição institucional, aquela cuja última palavra é a sobrevivência. Mas a verdade é que não se pôde ficar nisso: incessantemente, por mais claros que fossem os conceitos, por mais opostas que fossem as condutas, a homonímia voltava. Por isso, como a suposição era que, por uma metalinguagem apropriada, ela devia ser vitoriosamente combatida, os interessados hesitavam entre duas hipóteses: uma era que, em algum lugar, havia um erro – ou na própria metalinguagem, ou em sua aplicação; a outra era que havia em algum lugar uma mentira, ou, o que dá no mesmo, uma traição. Mas, como não adiantava nada, foi preciso então chegar à conclusão: *não há metalinguagem política*. Após algumas tentativas arcaizantes para aí colocar tenentes-lugares, tomados às profundezas religiosas ou terrenas, em pouco tempo o rumor circulou: não havia metalinguagem alguma.

Foi, então, a visão política do mundo, em si mesma, que pareceu coisa passada. A política não é tudo e nem tudo é política voltaram a ser enunciados lícitos: a política ao mesmo tempo viu-se disciplina regional e regrada apenas pela oportunidade. A arte da ocasião retomou seus direitos e as escolhas voltaram a ser realistas. Mas, em contrapartida, o reino da homonímia instalou-se sem partilha e a dispersão pareceu sem remédio: nenhum significante dali por diante poderia mais valer como Um de agrupamento. Talvez não haja aí nada a deplorar, a não ser por lamento infantil do que é agora uma juventude. O grave, o mortal, o imperdoável é o que Jakobson em seu tempo apontara: o triunfo da mudez.

Do fato de a homonímia ser o Real de alíngua não resulta que não seja preciso inscrever o que quer que seja em alíngua; do fato de todo pensamento ser, uma vez que nomeia, equívoco não resulta que não seja preciso pensar; do fato de todo nome ser multiplamente ambíguo não resulta que não seja preciso nomear; do fato de a univocidade ser o impossível não resulta que ela não deva comandar um desejo. É preciso falar, e pensar, e nomear, e singularmente é preciso falar, pensar, nomear a homonímia – mesmo arriscando concentrá-la com um único significante, que é um nome próprio: Lacan.

Nota

A presente obra retoma em parte a matéria de um ensino dispensado, durante o primeiro semestre de 1980, no Departamento de Psicanálise de Vincennes, que tivera a gentileza de me acolher. O capítulo I retoma, com algumas supressões, o texto *Heresias*: apresentado primeiramente em junho de 1979, nas Jornadas de *Ornicar?*, depois em setembro de 1979, no último congresso da *École Freudienne*; redigido desde essa época sob forma publicável, esse texto conheceu uma circulação restrita, antes de ser publicado em outubro de 1982, no número 25 de *Ornicar?*. O capítulo XIII tem por origem uma conferência pronunciada a convite de Dominique Laporte, no âmbito de um seminário sobre Flaubert; em seguida deu lugar a uma intervenção radiofônica, durante o programa de J.-L. Rivière, *Abécédaire*; enfim, deve ser publicado na revista *Escansion*. Os outros capítulos são inéditos.

Desnecessário dizer que a minha referência aos *Escritos* e aos seminários de Jacques Lacan devia ser constante. Só raramente indiquei as fontes precisas, esperando-as conhecidas.

Por outro lado, costumo basear-me na tradição filosófica e, por sentimento de classe, nos autores clássicos da lingüística. Aí também não citei todas as fontes, partindo do princípio democrático de que todo mundo leu tudo. No entanto, toda regra tem exceções e propus ao longo do texto alguns esclarecimentos no que diz respeito, notadamente, à filosofia anglo-saxã, cujos alcance e intenção costumam ser mal compreendidos, especialmente pelos próprios filósofos anglo-saxões.

Enfim, acreditei dever assinalar as poucas passagens nas quais tiro partido de meus próprios trabalhos de lingüística: o realismo levava-me a não supô-los conhecidos e não era sem cabimento marcar uma relação que para mim importa.

Companhia de Freud editora

OBRAS PUBLICADAS

Psicanálise e Tempo
Erik Porge

Psicanálise e Análise do Discurso
Nina Leite

Letra a Letra
Jean Allouch

Mal-Estar na Procriação
Marie-Magdeleine Chatel

Marguerite ou "A Aimée" de Lacan
Jean Allouch

Revista Internacional nº 1
A Clínica Lacaniana

A Criança na Clínica Psicanalítica
Angela Vorcaro

A Feminilidade Velada
Philippe Julien

O Discurso Melancólico
Marie-Claude Lambotte

A Etificação da Psicanálise
Jean Allouch

Roubo de Idéias?
Erik Porge

Os Nomes do Pai em Jacques Lacan
Erik Porge

Revista Internacional nº 2
A Histeria

Anorexia Mental, Ascese, Mística
Éric Bidaud

Hitler – A Tirania e a Psicanálise
Jean-Gérard Bursztein

Littoral
A Criança e o Psicanalista

O Amor ao Avesso
Gérard Pommier

Paixões do Ser
Sandra Dias

A Ficção do Si Mesmo
Ana Maria Medeiros da Costa

As Construções do Universal
Monique David-Ménard

Littoral
Luto de Criança

Trata-se uma Criança – Tomos I e II
Congresso Internacional de Psicanálise e suas Conexões – Vários

O Adolescente e o Psicanalista
Jean-Jacques Rassial

— Alô, Lacan?
— É claro que não.
Jean Allouch

A Crise de Adolescência
Octave Mannoni e outros

O Adolescente na Psicanálise
Raymond Cahn

A Morte e o Imaginário na Adolescência
Silvia Tubert

Invocações
Alain Didier-Weill

Um Percurso em Psicanálise com Lacan
Taciana de Melo Mafra

A Fantasia da Eleição Divina
Sergio Becker

Lacan e o Espelho Sofiânico de Boehme
Dany-Robert Dufour

O Adolescente e a Modernidade – Tomos I, II e III
Congresso Internacional de Psicanálise e suas Conexões – Vários

A Hora do Chá na Casa dos Pendlebury
Alain Didier-Weill

W. R. Bion – Novas Leituras
Arnaldo Chuster

Crianças na Psicanálise
Angela Vorcaro

O Sorriso da Gioconda
Catherine Mathelin

As Psicoses
Philippe Julien

O Olhar e a Voz
Paul-Laurent Assoun

Um Jeito de Poeta
Luís Mauro Caetano da Rosa

Estética da Melancolia
Marie-Claude Lambotte

O Desejo do Psicanalista
Diana S. Rabinovich

Os Mistérios da Trindade
Dany-Robert Dufour

A Equação do Sonhos
Gisèle Chaboudez

Abandonarás teu Pai e tua Mãe
Philippe Julien

A Estrutura na Obra Lacaniana
Taciana de Melo Mafra

Elissa Rhaís
Paul Tabet

Ciúmes
Denise Lachaud

Trilhamentos do Feminino
Jerzuí Tomaz

Gostar de Mulheres
Autores diversos

Os Errantes da Carne
Jean-Pierre Winter

As Intervenções do Analista
Isidoro Vegh

Adolescência e Psicose
Edson Saggese

O Sujeito em Estado Limite
Jean-Jacques Rassial

O que Acontece no Ato Analítico?
Roberto Harari

A Clínica da Identificação
Clara Cruglak

A Escritura Psicótica
Marcelo Muniz Freire

Os Discursos e a Cura
Isidoro Vegh

Procuro o Homem da Minha Vida
Daniela Di Segni

A Criança Adotiva
Nazir Hamad

Littoral
O Pai

O Transexualismo
Henry Frignet

Psicose, Perversão, Neurose
Philippe Julien

Como se Chama James Joyce?
Roberto Harari

A Psicanálise: dos Princípios
Ético-estéticos à Clinica
W.R. Bion – Novas Leituras

O Significante, a Letra e o Objeto
Charles Melman

O Complexo de Jocasta
Marie-Christine Laznik

O Homem sem Gravidade
Charles Melman

O Desejo da Escrita em Ítalo Calvino
Rita de Cássia Maia e Silva Costa

O Dia em que Lacan me Adotou
Gérard Haddad

Mulheres de 50
Daniela Di Segni e Hilda V. Levy

A Transferência
Taciana de Melo Mafra

Clínica da Pulsão
Diana S. Rabinovich

Os Discursos na Psicanálise
Aurélio Souza

Littoral
O conhecimento paranóico

Revista Dizer – 14
A medicalização da dor

Neurose Obsessiva
Charles Melman

A Erótica do Luto
Jean Allouch

Um Mundo sem Limite
Jean-Pierre Lebrun

Comer o Livro
Gérard Haddad

Do pai à letra
Hector Yankelevich

A experiência da análise
Norberto Ferreyra

A fadiga crônica
Pura H. Cancina

O desejo contrariado
Robert Lévy

Psicanálise de Crianças Separadas
Jenny Aubry

Lógica das Paixões
Roland Gori

Um Narrador Incerto, Entre o Estranho e o Familiar
Lucia Serrano Pereira

Gide-Genet-Mishima
Catherine Millor

Dependência Química na adolescência
Hélio Fernandes Mattos

O Sexo Conduz o Mundo
Colette Chiland

Um Homem de Palavra
Nazir Harnad

A Arte de Reduzir as Cabeças
Dany-Robert Dufour

Poetas, crianças e criminalidade... sobre Jean Genet
Alba Flesler / Claudio Martyniuk /
Fernando Sabsay / Isidoro Vegh

A Paixão do Sujeito Freudiano
Bernard Penot

Clínica Lacaniana: As Homossexualidades,
Revista Internacional n. 2

A Escola do Sujeito
Claude Dumézil

A Significação do Falo
Diana Rabinovich

A Angústia e o Desejo do Ouro
Diana Rabinovich

O Próximo
Isidoro Vegh

Sombra do Teu Cão
Jean Allouch

Crueldade no Feminino
Sophie de Mijolla-Mellor e Julia Kristeva

A Descoberta de João
Marcelo Pio da Costa

Separações Necessárias
Emilio Rodrigué

Os nomes Indistintos
Jean-Claude Milner

Lacaniana I
Moussapha Safouan

Psicanálise e Saúde Mental
Sonia alberti e Ana Cristina Figueiredo (org.)

O Caminhante Analítico
Victor Smirnof

Figuras do Real
Ginette Michaud

Do Amor do Outro ao Amor de Si
Patrick Delaroche

A Topografia de Lacan
Jean-Paul Gilson

O Conhecimento Paranóico
Revista Litoral

Letra e Pulsão de Morte
André Green

Enigma do Incesto
Laure Rozen

O Inferno do Dever
Denise Lachaud

A Quarta Mulher
Paul Tabet

Lacaniana: Os Seminários de Jacques Lacan – 2
1964-1979
Moustapha Safouan

Dez Conferências de Psicanálise
Moustapha Safouan

Estados de Abandono
Jacques André

Transferência e Estados Limites
Jacques André

Da Paixão
Jacques André

A Anatomia da Terceira Pessoa
Guy Le Gaufey

A Criança no Espelho (Freud Wallon Lacan)
Émile Jalley

A Sombra do Teu Cão:
discurso analítico e discurso lésbico
Jean Allouch

A Violência na Adolescência
Pierre Kamerer

Para uma Clínica do Real
Isidoro Vegh

O Fracasso do Fantasma
Silvia Amigo

As Figuras do Real
Patrick Delaroche

A ambivalência Materna
Michele Benhaim

Oriente Médio: Povos Autoritários
Sociedades Bloqueadas
Philippe Draz Vincent

Dicionário da Sexualidade Humana
Philippe Brenot

Dicionário da Justiça
Löic Cadiet

O Jornalista e seu Poder
Gerard Spitéri

O desejo contrariado
Robert Lévy

Michel Foucault: a Inquietude da História
Mathieu Potte-Bonneville

O Sexo do Mestre
Jean Allouch

Psicoterapia-Psicanálise-Didática 1 – debates
Analyse Freudienne Presse

Psicoterapia-Psicanálise-Didática 2 – debates
Analyse Freudienne Presse

A Pulsão de Morte
Michel Plon (org.)

A Crueldade no Feminino
Sophie de Mijolla-Mellor

O Autor do Crime Perverso
Marie-Laure Susini

Por Que Não Há Relação Sexual?
Roberto Harari

A Saúde Totalitária
Roland Gori

A Morte de Deus
Dany-Robert Dufour

Impresso por:

Edil
Artes Gráficas

Tel/Fax: (21) 2159 7979
E-mail: edil@edil.com.br